Clemens M. Hutter
Gruselwandern in Salzburg

Impressum

Bibliografische Information der Deutschen Nationalbibliothek
Die Deutsche Nationalbibliothek verzeichnet diese Publikation
in der Deutschen Nationalbibliografie; detaillierte bibliografische
Daten sind im Internet über http://dnb.d-nb.de abrufbar.

© 2018 Verlag Anton Pustet
5020 Salzburg, Bergstraße 12
Sämtliche Rechte vorbehalten.

Lektorat: Martina Schneider
Layout, Grafik und Produktion: Nadine Kaschnig-Löbel
Coverfoto: Futuristman/shutterstock.com
Karten: Arge-Kartografie
gedruckt in der EU

ISBN 978-3-7025-0905-7
auch als eBook erhältlich
eISBN 978-3-7025-8052-0

www.pustet.at

Alle Routenbeschreibungen wurden von Autor und Verlag nach gründlicher Recherche
und derzeitigem Wissensstand erstellt. Eine Haftung für die Richtigkeit der Angaben
wird nicht übernommen. Die Verwendung dieses Wanderführers erfolgt ausschließlich
auf eigenes Risiko und auf eigene Gefahr.

Clemens M. Hutter

GRUSEL WANDERN

in Salzburg

VERLAG ANTON PUSTET

Inhalt

EIN DÜSTERES KAPITEL DER GESCHICHTE

Der Hexenwahn löste in Salzburg im 16. und 17. Jahrhundert drei schreckliche Wellen von Verfolgung aus, darunter die Zauberer-Jackl-Hysterie, die sich mit 138 Opfern zu einer der blutigsten Hexenjagden im deutschen Sprachraum auswuchs. Dokumente, Sagen, Gebäude, Flurnamen und zahlreiche Schauplätze halten die Erinnerung an dieses düstere Kapitel der Salzburger Landesgeschichte wach. Diese Geschichte will erwandert werden und dabei lassen sich die Ursachen, Regeln und Begründungen dieses Grauens bedenken.

Die Historie widerlegt auch das Vorurteil, dass der Hexenwahn von oben gelenkt wurde und nur Frauen betraf. In Salzburg waren fast drei Viertel der Opfer Männer und die Hexenjagd brach mit Beginn des Klimawechsels („kleine Eiszeit") auf dem Bauernland aus, weil unerklärliche Schäden – verkürzte Vegetationsperiode, sinkende Hektarerträge und Fehlernten – eine Erklärung suchten. Da niemand eine solche hatte, steckte „natürlich" Schadenszauber dahinter.

Diesem Druck von unten ließ die Kirche die theologische Begründung der Hexenhatz folgen – Teufelsbündnis und damit todeswürdige Ketzerei. Zudem verschärften die verheerenden sozialen Nachbeben des Dreißigjährigen Krieges diese Tragödie. Vor allem schwollen Landstreicherei, Bettelei und Gaunereien gewaltig an. Zeitweise dürfte bis zu einem Sechstel der Bevölkerung im Land ziel- und hoffnungslos umhergeirrt sein – bettelnd, stehlend, betrügend und mit Taschenspielertricks

Der Hexenturm an der Ecke
Paris-Lodron-Straße/Wolf-Dietrich-Straße.

„zaubernd". Mangels Polizei sah sich die Landbevölkerung dem umherziehenden Gesindel nahezu schutzlos ausgeliefert. Das förderte auf dem Land eine Pogromstimmung, weshalb die Hexenprozesse zeitweise den Charakter eines Vernichtungskrieges gegen die Landstreicherei annahmen. Die Hexenjagd hatte Erfolg, weil sich die (existenziellen) Ziele der Unterschicht mit den (religiösen) Zielen der Oberschicht deckten. Just deshalb hatten damals ungemein mutige und scharfsinnige Gegner der Hexenverfolgung keinen entscheidenden Erfolg, obwohl sie die juristisch entscheidende Schwachstelle der Hexenprozesse herausstellten: Mangels konkreter Beweise für ein Verbrechen gab es das erfolterte Geständnis. Theologie erklärte also unerklärliche Vorgänge mit dem Wirken des Teufels, das sich konkreten Beweisen entzieht. Man mag den Hexenjägern zugutehalten, dass sie es nicht besser wussten und daher keine Alternativen in Betracht ziehen konnten. Dagegen kamen die kritischen Analysen der Hexenjustiz nicht auf.

Orte des Schauderns

Wanderung zu den Schauplätzen der Salzburger Justiz beiderseits der Salzach

Start Rathaus
Ziel Mozartplatz
Gehzeit 1,5 Stunden

Über dem Portal des Rathauses thront die Justitia, 1616 geschaffen von Hans Waldburger für den Umbau des alten Amtshauses (1616–1618), das die Stadt 1402 erworben hatte. Seit 1772 verdeckt eine Rokokofassade diese alten Mauern, hinter denen im Namen der Justitia Menschen unsäglich gequält und schließlich einem Schicksal überantwortet wurden, das wir heute als „Justizmord" qualifizieren.

In diesem alten Amtshaus residierte das Stadtgericht unter einem Dach mit Keuchen (Zellen für Untersuchungshäftlinge) und Folterkammer. Hier bemächtigte sich der Salzburger Hexenwahn Dutzender Menschen, die – meist anonym als Zauberer und Hexen angeschwärzt – nahezu ausweglos durch Keuchen und Folterkammer in den Tod gingen. „Unproduktives" Absitzen von Haftstrafen war damals unbekannt, also gab es auch keine Gefängnisse. Das Gericht verhängte nur Leibstrafen oder Zwangsarbeit, die Salzburg häufig in den Galeeren der Venezianer vollstrecken ließ.

Der zweite Anfall des Hexenwahns brach 1675 – fast ein Jahrhundert nach der Pinzgauer Welle – über Salzburg herein. Auslöser und Mittelpunkt dieser Massenhysterie war der Mauterndorfer Abdeckersohn Jakob Koller, ein weit über den Durchschnitt hinausragender Gauner, der als „Zauberer Jackl" (siehe Seite 68) sowohl bewundert als auch gefürchtet war. Obwohl dieser gerissene Betrüger und Taschenspieler 1675 spurlos verschwand, kostete die Jagd nach Österreichs weitaus „berühmtestem Zauberer" in Salzburg bis zum Jahr 1681 138 Menschen das Leben – 133 starben durch die Hand des Henkers, fünf überlebten die fürchterlichen Haftbedingungen nicht. Das ist die Spitzenleistung in Österreich. Sie setzt Salzburg in das Spitzenfeld der europäischen Hexenjäger.

Schergen schleppten dutzendweise Zauberer unter den Augen der Justitia in das einzige Gefängnis im Amtshaus der Stadt. Ehe die angeketteten Häftlinge monatelang unsäglich unter elendem Essen, Kälte, Nässe, Finsternis, Unflat, Krätze, Ungeziefer, Verhören und Quälerei litten, wurden sie nach der Festnahme völlig geschoren, auf verborgene Zaubermittel und „Satanszeichen" untersucht, mit Weihwasser gewaschen, mit derbem Leinenkittel neu eingekleidet und mit einem geweihten Anhängsel um den Hals zur „Neutralisierung" der Hexenkraft ausgestattet.

Zauberer und Hexen fielen in die Kompetenz des Salzburger Höchstgerichts, genannt Hofrat. Deshalb füllten sich die sieben Keuchen im Amtshaus so schnell, dass 1677 zwei Haftzellen hinzugebaut wurden. Die Justiz vermied es nämlich,

Häftlinge zusammenzulegen, um Absprachen zu verhindern. Ende 1677 saßen jedoch schon 14 Delinquenten im Amtshaus, und die Schergen hatten auf dem Land wieder 18 Zauberer dingfest gemacht. Da die Keuchen der stadtnahen Pfleggerichte auch bereits überquollen, erhielten weiter entfernte Justizbehörden den Befehl, „ihre" Zauberer vorerst provisorisch unterzubringen. Platz entstand nämlich im einzigen Gefängnis der Hauptstadt erst durch Hinrichtungen; etwa deren zehn am 12. März 1678 oder gar deren zwölf sechs Wochen später – jeweils auf der Richtstätte neben dem Kommunalfriedhof.

Dennoch herrschte Platzmangel. Da verfiel die Behörde auf den Ausweg, brachliegenden Befestigungsraum günstig zu nutzen.

Dieser Ausweg führt uns jetzt über die Staatsbrücke, und die Linzer Gasse hinauf bis an deren Ende. Hier, am Standort des 1894 geschleiften Linzer Tores, halten wir kurz wegen eines Ereignisses an, das dramatisch die Angst der Menschen vor Gespenstern dokumentiert. Vor diesem Stadttor tauchten am 3. Mai 1662 drei unglaublich großgewachsene, kohlrabenschwarze Männer auf kohlrabenschwarzen Pferden auf. Allein ihr gruseliger Anblick schlug die Torwache ohne einen Schuss in die heillose Flucht – und das waren gestandene Soldaten. Die furchterregenden Schwarzen verschwanden wieder; man fand lediglich ein sonderbares Hufeisen vor dem Tor. Nicht nur hasenfüßige Soldaten, sondern gelehrte Herren schätzten es offenbar als „Hexeneisen" ein, das natürlich Unheil anrichtet; also wurde es umgegossen, damit alle Zauber- und Teufelskraft daraus verglühe.

Dieser für uns heute eher groteske Vorgang bestätigt die alte Regel, dass Leute mit risikoreichen Berufen ausnehmend abergläubisch sind – Soldaten, Autorennfahrer, Wilderer oder Sprengmeister.

Wir setzen jetzt unseren Weg nach links in die Wolf-Dietrich-Straße bis zum Haus Nr. 19 fort. An dessen Front erkennen wir an einem großen Mosaik von Karl Weiser den Ausweg aus dem Elend der Keuchen: Den Standort des Hexenturms (siehe Seite 34), den Fliegerbomben 1944 zerstörten. Und gleich um die Ecke setzt eine Erinnerungstafel im Eingang des Hauses Paris-Lodron-Straße 16 diesen Hexenturm in den historischen Zusammenhang. Zudem ortet auch noch eine Metalltafel an dem Eckhaus „Frauenspuren" – eine sachlich falsche und zudem deplatzierte Nutzung des Themas „Hexen" angesichts der Tatsache, dass die Opfer des Zauberer-Jackl-Wahns zu drei Vierteln Männer waren.

Dieser Eckturm der Stadtmauer hatte seine strategische Funktion verloren, nachdem Paris Lodrons Generalbaumeister Santino Solari während des Dreißigjährigen Krieges der alten Befestigung die hochmodernen Bastionen vorgelagert hatte.

Wir wandern nun die Paris-Lodron-Straße westwärts, bestaunen gebührend die Reste der alten Stadtmauer und kehren durch die Dreifaltigkeitsgasse zur Staatsbrücke zurück. Mit einem Mal sieht jetzt das Rathaus auf dem anderen Salzachufer nicht mehr so freundlich nach Mozart aus. Die Vorgeschichte drückt doch aufs Gemüt, während wir die Salzach überqueren und in den Rudolfskai einbiegen. Es lohnt nämlich, das Stück Stadtmauer ab dem Trakl-Haus und den Turm des abgerissenen Michaeler-Tores näher in Augenschein zu nehmen.

Da sind Felsquadern zusammengefügt, um feindlichem Beschuss zu trotzen, nicht aber dem Angriff der Kälte. So romantisch die Zimmerchen im Torturm in der Fantasie von außen anmuten mögen, sie waren nicht isoliert und nur dürftig beheizt. Und wer sich beim Besuch des Domes noch Ende April in einen Eiskeller versetzt wähnt, der begreift schlagartig, dass

beißende Kälte in den Keuchen der Stadt Salzburg bereits eine Form von lebensgefährlicher Folter war.

Mittlerweile haben wir den Mozartplatz erreicht und stehen vor dem Höchstgericht des Landes zur Zeit der regierenden Erzbischöfe – der neuen Residenz. Hier tagte, beriet und urteilte der Hofrat. Dieses Gremium fällte das Urteil in den todeswürdigen Straftaten – Diebstahl, Notzucht, Tötung – und in allen Fällen von Schadenszauber, Hexerei und Teufelsbündnis. Es billigte oder verwarf Urteile von Pfleggerichten und musste dem Erzbischof alle Lebensstrafen zur Bestätigung vorlegen.

War das Urteil gefällt, dann wurde es dem Delinquenten vor möglichst großem Publikum verkündet, damit die Abschreckung nachhaltig wirke. Diesem schaurigen Vorgang diente die Galerie unter dem Turm des Glockenspiels zeitweilig als Bühne. Hier traten dann gemeine Verbrecher und unschuldige Zauberer ihren letzten Weg zur Hinrichtung an.

Gruseln im Dunkeln

Das Gruseln in Geisterbahnen ist stets eine Zugnummer, weil man den „faulen Zauber" dahinter durchschaut: Das Auftauchen von Gespenstern ist überraschend, aber berechenbar und ungefährlich.

Gruseln befällt uns nur in der Dunkelheit. Sie ängstigt, weil sie unser Organ mit der größten Reichweite ausschaltet – das Sehen. Man bleibt auf Hören, Riechen und Tasten angewiesen und stößt auf unberechenbare Gefahren – vom Stolpern bis zum Raubüberfall. Dunkelheit macht unsicher, orientierungslos, hilflos, ungeschützt. Dieser Zustand ist unheimlich und gruselig.

Das zeigt sich auch in treffenden Sprachbildern: „Lichtscheues Gesindel", „im Dunkeln ist gut Munkeln", „den Hintergrund ausleuchten" oder „Tatbestände ans Licht bringen".
Im Dunkeln wuchern Verschwörungen. Hexen und Gespenster gehen in der „Geisterstunde" zur Mitternacht um. Die Bibel nennt den Teufel „Fürst der Finsternis".

Menschen verbringen die Dunkelheit im Schlaf. Da sind sie ungeschützt und wehrlos; daher die Angst vor allem, was in der Nacht aktiv wird: Nachttiere, Gespenster, Einbrecher, Albträume.

Wir versperren unsere Häuser, damit der Einbrecher Lärm erzeugen muss, der uns weckt. Dann sind wir abwehrbereit, wir schalten das Licht ein und gewinnen damit strategischen Raum.

Am lichten Tag reicht das Blickfeld bis zum Horizont. Das gibt uns reichlich Zeit, uns auf die Vorgänge ringsum einzustellen. Bei Licht kommt kein Gruseln auf. Folgerichtig war der Herd seit jeher der heilige Ort im Haus. Doch Herdfeuer und Licht von Talgkerzen flackerten und erzeugten bewegte Schatten, ein schwarzes Etwas. Ein Geist, ein Teufel, ein Unhold? Im nächtlichen Schatten nistet Unheimliches, Bedrohliches, Gruseliges. Deshalb ist der Gang in den finsteren Keller untertags durchaus nicht gruselig.

Auch Zauberer und Hexen konspirierten im Schutz der Dunkelheit. Wer erkennt in der Finsternis Gesichtszüge? Die lassen sich nämlich ganz genau beschreiben bis zur Präzision eines modernen Fahndungsbildes. Mit der Stimme und dem Duft einer Person gelingt das nicht.

2 Weg zur Richtstätte

Start Waagplatz
Ziel Kommunalfriedhof
Gehzeit 1 Stunde

Die Gerichtsakten der Zauberer-Jackl-Hysterie belegen, dass die Obrigkeit den Waagplatz häufig gegen Judengasse und (heutigen) Mozartplatz mit Ketten und Wachen sperren ließ, um das Gedränge der Gaffer bei einem Prozess zu beschränken. Der Waagplatz diente nämlich zeitweise als Schranne (von Schranke), auf der das Gericht seine Urteile fällte.

Anschließend luden Gerichtsdiener den gefesselten Verurteilten auf einen Wagen, den der Abdecker beistellen musste. Im Regelfall saßen auch zwei Patres auf diesem Gefährt, um durch Gebet und Zuspruch dem völlig zermürbten Delinquenten den letzten Weg zu erleichtern.

Wir eilen nun dem Zug durch die Kaigasse voraus bis zur Nonntaler Volksschule. Hier haben wir „virtuell" das alte Nonntaler Tor im Blickfeld, das heute noch unter den Häusern südseitig an der Schanzlgasse hindurchführt, aber nicht öffentlich zugänglich ist.

Mittlerweile ist der Zug mit dem Todeskandidaten vom Mozartplatz in die Kaigasse eingebogen. Unter militärischer Bedeckung bewegte er sich langsam zum Nonntaler Tor, auf dessen kleinem Vorfeld gegebenenfalls eine qualvolle

Verschärfung der Todesstrafe vollstreckt wurde: Der „Zwick"
mit einer glühenden Zange.

Wieder setzte sich der schaurige Zug dann am Festungsberg
entlang in Bewegung durch das alte Nonntal hinaus und auf
holprigem Weg zu den Gärten des Stiftes Nonnberg. In dieser
Gegend machte der Zug erneut halt, sofern das Gericht einen
weiteren „Zwick" verordnet hatte.

Die letzte Etappe des Weges folgte ungefähr der Nonntaler Hauptstraße und der Berchtesgadener Straße bis zum
Südrand des großen Parkplatzes an der Westseite des Kom-
munalfriedhofs. Das Hochgericht als Endstation befand sich
wenige Meter weiter westlich zwischen zwei mächtigen Eichen in der Rechtskurve der Adolf-Altmann-Straße. Hier
trat der Scharfrichter in sein Amt: Je nach Urteil wurde der
Delinquent mit dem Schwert oder dem Fallbeil enthauptet,
erdrosselt oder sogar lebendig verbrannt. Diese letzte Barbarei
wurde allerdings nur viermal vollzogen. Mehrere Male wurde
aber der Delinquent zur Strafverschärfung vor der Hinrichtung mit der glühenden Zange geschunden. Alle wegen Hexerei und Zauberei Exekutierten wurden danach verbrannt, um
ihre teuflischen Kräfte für immer zu vernichten, ihre Asche
wurde unter der Richtstätte vergraben.

Geballtes Grauen übermannt uns an diesem Platz, wenn wir uns
vorstellen, dass hier im Jahr 1678 in fünf Massenexekutionen
53 Menschen das Leben ließen. Einen makabren Höhepunkt
bildete die Hinrichtung von 13 Personen am 26. Mai 1678. Auf
Anordnung des Gerichts sollte jeder Todeskandidat auf einem

eigenen Wagen von der Stadt zur Richtstätte gekarrt werden. Doch der Abdecker konnte nur sieben Wagen auftreiben. So mussten sechs arme Teufel stundenlang zuwarten. Als sie schließlich die Richtstätte erreichten, lagen dort schon sieben zugedeckte Leichen, mit denen zusammen sie nach vollstreckter Hinrichtung verbrannt wurden.

Gewinn aus diesem Jahr zogen lediglich der Henker und seine Helfer. Die Kosten einer Hinrichtung – Personal und Material – betrugen durchschnittlich an die 50 Gulden. Je nach Art der Hinrichtung gingen davon rund 15 Gulden an den Freimann. Der Abdecker erhielt für den Transport der Delinquenten 3 Gulden oder so viel wie den Verdienst eines Maurers in drei Tagen. 3 Gulden entsprachen dem Preis für 9 kg Schmalz.

Treffpunkte der „Zaubererleut"

**Rundwanderung vom Festspielhaus
über Mülln, die Riedenburg und Bucklreuth**

Gehzeit   1,5 Stunden

Wir beginnen diese Wanderung an einer für die Entwicklung der Stadt Salzburg markanten Stelle – vor dem Festspielhaus. Bis zur Nahtstelle mit dem Kleinen Festspielhaus zirkeln die Außenmauern immer noch die alten Hofstallungen ab. Seit Wolf Dietrich dienten sie der erzbischöflichen Kavallerie und ihren Pferden als Standort. Im Kleinen Festspielhaus steckt noch die alte Winterreitschule, die Erzbischof Johann Ernst Thun 1694 um die großartige Felsenreitschule erweitern ließ. Galerien im stillgelegten Steinbruch für den Dombau sollten den Genuss der Zuschauer an Reiterspielen, Tierkämpfen, Seiltänzen und Komödien unter freiem Himmel erhöhen.

Zwei Jahrzehnte vorher freilich bot sich dieser Steinbruch neben der Winterreitschule den massenhaft herumstreunenden Bettlern, Vaganten und kleinen Gaunern als Treffpunkt und gelegentlich auch als Unterschlupf an. Immerhin ist es im Winter in der Nähe von Pferden und Ställen zumindest ein bisschen wärmer als in ganz freier Natur. Augenscheinlich kam niemandem die naheliegende Frage in den Sinn, warum

denn Zauberer frieren mussten, wenn sie doch Wetter machen und zum Hexensabbat fliegen konnten.

In den Hexenprozessen häuften sich Aussagen, dass die „Zauberbuben" (= ziellos herumziehende Bettler) bei der alten Reitschule mit dem Zauberer Jackl zusammengetroffen seien und von ihm Zaubersalben bekommen hätten. Auch konsekrierte Hostien seien an diesem Treffpunkt gemeinschaftlich geschändet worden.

Jetzt machen wir uns auf den Weg in die Riedenburg, allerdings nicht bequem durch das 1767 eröffnete Neutor, sondern auf dem um gut 1,5 Kilometer längeren Umweg durch Gstättengasse, Müllner Hauptstraße und Augustinergasse. Vor deren Engstelle an der Einmündung in die Reichenhaller Straße drehen wir nach rechts ab, überqueren nach 100 Metern die Eduard-Baumgartner-Straße und biegen halblinks (parallel zum Almkanal) in die Riedenburger Straße ein. Nach 200 Metern sticht rechts der ehemalige Mölckhof ins Auge. Dort schwenken wir nach rechts in die Gärtner Straße ein. Im Bereich der Häuser Nr. 3 und 5 stand einst der erzbischöfliche Ziegelstadel – ein besonders beliebter Treffpunkt der Bettler in der wenig kontrollierten Einschicht.

Naturgemäß tauchte auch dieser Treffpunkt in den Hexenprozessen auf. Nach den Aussagen der Delinquenten und Zeugen kam hier der Jackl mit den Zauberbuben zusammen, hier wurden Schadenszauber und Hexenfahrten ausgeheckt, hier unterwies der Jackl Neulinge in Zauberei, hier fanden die Orgien des Hexensabbats statt. Das Gericht gewann somit den alarmierenden Eindruck, als sei die Riedenburg das Zentrum der Jackl-Bande.

Wir setzen jetzt unseren Weg durch die Riedenburger Straße fort, folgen der Bayernstraße und der Neutorstraße stadteinwärts bis zur Leopoldskronstraße, auf der wir 400 Meter südwärts bis zur Brücke über den Müllner Arm des Almkanals spazieren. Ein Blick nach links fällt auf das Wehr, das Wasser in den Riedenburger Arm (durch den Mönchsberg nach St. Blasius) ablenkt. Auch dieses Wehr taucht als Treffpunkt der Zaubererbande um den Jackl auf – als Badeplatz.

Wir wandern weiter auf der Leopoldskronstraße bis zum Parkplatz des Schwimmbades, biegen nordwärts ab in die Schwimmschulstraße und kehren über Bucklreuth, durch den Fußgängertunnel und über den Toscanini-Hof zum Hauptportal des Festspielhauses zurück.

4 Die Weiße Frau auf der Festung

Rundwanderung

Start	Kreuzung Brunnhausgasse/ Hans-Sedlmayr-Weg
Anstieg	150 Höhenmeter
Gehzeit	1,5 Stunden

Zäh hält sich die Fabel, dass in dem kleinen Haus mitten auf der großen Wiese zwischen Seniorenheim, Almkanal und Krauthügel jahrhundertelang der Henker gewohnt habe. Doch dieses ausgezeichnet restaurierte Häuschen beherbergte den „Krautwächter" der Krautäcker des Erzstiftes St. Peter – daher das „Krauthäusl" und auch der „Krauthügel".

Der Irrtum rührt vermutlich von einer Exekution auf dieser Wiese im Jahr 1525 her. Erzbischof Matthäus Lang von Wellenburg ließ den Bauernführer Stöckl, der die Festung mit seinem rebellischen Haufen 14 Wochen lang vergeblich belagert hatte, einfach enthaupten – ohne Verfahren. Im erzbischöflichen Befehl steht, dass der gefasste Aufrührer durch die Hofgärten hinunter nach Nonntal auf die Peterwiese zu führen und dort zu enthaupten sei.

In diesen Hofgärten gediehen damals Wein- und Rosenstöcke „bis in das Nunnthal hinaus". Das war vor Anbruch der sogenannten Kleinen Eiszeit, die ab Mitte des 16. Jahrhunderts rund 250 Jahre lange eine deutliche Verschlechterung des Klimas gebracht hatte; die wirtschaftlichen und sozialen Folgen dieses Klimawandels trugen erheblich zur allgemeinen Hexenjagd bei.

Von der Brunnhausgasse gehen wir hinauf zum Bürgermeisterloch, dann nach rechts zur „Katze" und zum Fahrweg auf die Festung. Im nasskalten November schleichen häufig Nebelfetzen um die Bastionen und Außenmauern dieses düsteren Baus. Man sieht das besonders eindrucksvoll vom Bürgermeisterloch und von der Katze aus. Der Fantasie fällt es nicht schwer, in der Dämmerung aus fließenden Nebeln gruselige Figuren und eigenartig langsame Bewegungen herauszulesen. Das gleiche Schauspiel erlebt man im Burghof. Denken wir uns nun noch die künstliche Beleuchtung weg, so verfällt man leicht den Fieberträumen des Erlkönigs.

Auf der Festung Hohensalzburg spielte einst die Weiße Frau die Rolle des Erlkönigs. Sie wandelte gemessenen Schrittes in wallenden weißen Gewändern durch Säle und Gänge und erschreckte immer wieder die Wachen. Griffen diese nach der gespenstischen Gestalt, dann zerfloss sie in Nebel. Ein zupackender Wächter aber stürzte zu Boden und blieb den Rest seiner Tage geistig verwirrt.

Besonders gruselig trat die Weiße Frau in Vollmondnächten auf, wenn die Schatten von Geäst über die bleichen Mauern glitten und dazu das auf dem Mönchsberg heimische Käuzchen schrie. Die Wachen und die Mächtigen im Lande

Festung Hohensalzburg

wussten, dass die Weiße Frau stets vor großen Katastrophen auftauchte. Seit allerdings große Scheinwerfer die Festung auch nachts in helles Licht tauchen und das rote Blinklicht auf dem Hohen Stock den Fliegern leuchtet, ist die Weiße Frau verschwunden.

Weil die Festung nie Ort der peinlichen Befragung und des Gerichts über Leben und Tod war, bedurfte sie keiner Folterkammer. Gleichwohl schmachteten in ihren Verließen Häftlinge. Das waren Lutheraner, „Politische" und zunehmend auch kriminelle Rechtsbrecher, seit mit dem Heraufdämmern der Aufklärung Festungshaft mit Zwangsarbeit zunehmend die drakonischen Körperstrafen ablöste.

Dennoch gehören Folterkammern zum touristischen Rüstzeug von Burgen. Also kann sich jedermann im Verließ des Reckturms und im Burgmuseum beim Betrachten der nachgebildeten Folterwerkzeuge einen Gruselschauer über den Rücken rinnen lassen. Besonderes Augenmerk verdient im Reckturm das tiefe Verließ unter dem geschmiedeten Gitterrost. Diese Anlage vermittelt eine vage Vorstellung davon, wie jenen Häftlingen zumute war, die an einem Seil in das kalte Loch hinabgelassen wurden – von den hygienischen Zuständen gar nicht zu reden.

Nach dem Abstecher in die Welt der Geister und Gefangenen wandern wir von der Festung hinunter, nehmen den Hohen Weg zum Nonnberg, das Nonnberggässchen hinunter und die Brunnhausgasse hinauf, bis wir nach links den Wiesenweg zum „Krauthäusl" einschlagen können. Vor allem an düsteren Novemberabenden könnte es nämlich passieren, dass wir beim Blick hinauf zur nie angestrahlten Südfassade der Festung doch noch der Weißen Frau gewahr werden – am ehesten dann, wenn die Scheinwerfer auf dem Dom mit langen Fingern eigenartige Schattenspiele im Gewölk über der Festung treiben.

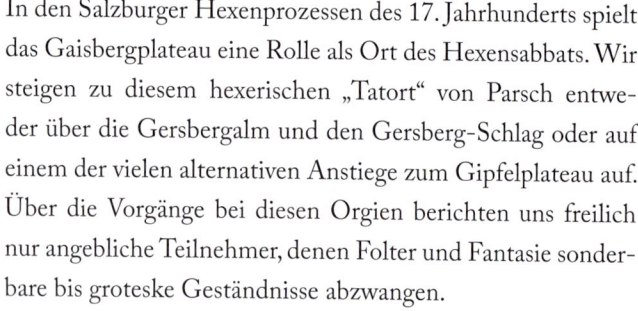

„100000 Sakra"
auf dem Gaisberg

Start   Schmedererplatz, Oberparsch
Anstieg 800 Höhenmeter
Gehzeit 2,5 Stunden (Anstieg)

In den Salzburger Hexenprozessen des 17. Jahrhunderts spielt das Gaisbergplateau eine Rolle als Ort des Hexensabbats. Wir steigen zu diesem hexerischen „Tatort" von Parsch entweder über die Gersbergalm und den Gersberg-Schlag oder auf einem der vielen alternativen Anstiege zum Gipfelplateau auf. Über die Vorgänge bei diesen Orgien berichten uns freilich nur angebliche Teilnehmer, denen Folter und Fantasie sonderbare bis groteske Geständnisse abzwangen.

Wenn die männlichen und weiblichen Hexen landeten, begrüßten sie die teuflischen Zeremonienmeister mit gotteslästerlichen Flüchen. 12-jährige „Zauberbuben" entboten den Teufeln „100000 Sakra", ein noch heute von „sacrum" (heilig) abgeleiteter Fluch. Alle einfliegenden Teilnehmer am Hexensabbat küssten anwesende Teufel am After oder am Penis, aßen ein Stück Teufelskot und säuberten die teuflischen Hintern mit einer Hostie.

Dann nahm die Gesellschaft Platz an üppig gedeckter Tafel. Nur Brot und Salz fehlten, weil der Teufel seinen Einfluss auf jenen verliert, der Brot oder Salz mit sich führt. Grundstoff aller Speisen waren Aas und Kot. Zuweilen ging ein Teufel zur Seite, verrichtete seine Notdurft und machte daraus Strauben, die vorzüglich schmeckten.

Nach dem Hexenmahl spielten gehörnte Teufel wild zum Hexentanz auf, der sich sehr schnell zur wüsten Orgie steigerte. Die Tanzpaare wälzten sich schließlich in sexuellen Ausschweifungen auf dem Boden – darunter auch Gruppensex, homosexuelle „Sodomie" und unzüchtiges Treiben des Vaters mit der Tochter und des Sohnes mit der Mutter.

Hexen erkannten im Sexpartner erst dann einen Teufel, wenn er sich kalt anfühlte „wie ein Eiszapfen", so das Bekenntnis einer Frau unter Folter. Das wies sie als geeichte Hexe aus und deckte sich zudem mit der Dämonologie der Scholastik, nach der Teufel geistige Wesen sind, die gleich den Engeln keinen fleischlichen Körper annehmen können. Sie umgeben sich lediglich mit einer Art Körper-Attrappe, die mangels Leben und Blut kalt ist.

Das Geständnis von Sex mit einem „warmen" Teufel hätte somit Unschuld bewiesen, wäre aber durch Folter ohne weiteres auf „kalt" korrigiert worden. In vergleichbaren Fällen pflegte dann der Delinquent zu gestehen, im Auftrag des Teufels die Behörden irregeführt zu haben.

Nach Mahl und Orgie nahmen die Teufel Neulinge in die Hexenversammlung auf – durch eine Taufe, die christliche Riten nachäffte: Der Teufel goss Wasser, Blut oder Urin über den Kopf des Täuflings, hob mit einer gemurmelten Formel

Der Gipfel des Gaisbergs mit dem 1957 errichteten Sendeturm.

die christliche Taufe auf, gab dem Täufling einen Spitznamen und einen Paten, der bereits geeichter Teilnehmer an solchen Orgien sein musste. Von diesem bekam der „Gegengetaufte" dann ein Geldstück, das sich beim Heimflug allerdings in Kot verwandelte. Deshalb tauchte bei den Hexenprozessen auch nie ein *Corpus delicti* auf.

Mit dem Morgengrauen endete der Sabbat und die Teilnehmer flogen auf ihren Besen, Gabeln oder Böcken wieder heim. Mit Sicherheit fand auf dem Gaisberg seit 1888 kein

Hexensabbat mehr statt. Damals wurde nämlich auf dem höchsten Punkt ein Kreuz aufgestellt, in dessen Blickfeld sich weder Teufel noch Hexen oder Schadenszauberer wagen.

Bei diesem Kreuz genießen wir einen Rundblick vom Großglockner bis zum Böhmerwald und kehren anschließend wieder in 1, 5 Stunden nach Parsch zurück.

Zahnradbahn, Straße, Fliegerei

Den Gaisberg entdeckten die Romantiker als idealen Standort, um Auf- und Untergang der Sonne zu beobachten. Für diese Genießer wurde 1847 ein Hüttchen gebaut und Hirten von der Zistelalm versorgten sie am Morgen mit „Viktualien". Wer den Gaisberg nicht zu Fuß schaffte, konnte auf dem Residenzplatz zwei Sesselträger mieten, die je 9 Gulden (30 Euro, Geldwert 2018) für die achtstündige Tour auf den Gipfel und zurück verlangten. Ein Maurer verdiente damals im Vergleich pro Tag 4 Gulden. Das endete 1887 mit der Fertigstellung der Zahnradbahn, der ersten in der Monarchie. Die Fahrt von der Talstation neben der Bahnstation Parsch auf den Gipfel dauerte bei Tempo 10 km/h 45 Minuten und kostete 6 Gulden. Damit begann der touristische Gaisbergboom. Ab 1882 stand ein Hotel auf dem Gipfel, das aber 1939 abbrannte.

Als die altersschwache Bahn 1927 einer kostspieligen Erneuerung bedurft hätte, ergriff Landeshauptmann Franz Rehrl die Initiative zum Bau einer 8,9 Kilometer langen Straße, die 950 Arbeiter in den Jahren 1928/29 in 362 Tagen „händisch" mit Krampen und Schaufel fertigstellten. Die internationale

Presse würdigte diese „erste Straße auf einen Ostalpengipfel"
als touristische Sensation – fünf Jahre, ehe die Glocknerstraße
die 2571 Meter hohe Edelweißspitze erschloss.

Sogleich entdeckten Segelflieger die Gunst der Gaisbergstraße und entwickelten den Berg ab 1930 zum bedeu-
tendsten Flugzentrum Europas nach der Rhön. An diese
Zeit erinnern noch die Reste einer nordwärts gerichteten
Startrampe, von der aus Gummiseile die Segler nach Art einer Steinschleuder auf den Flug zum Salzburger Flughafen
schickten.

1939 wich alle Romantik vom Gaisberg. Die Wehrmacht
sperrte das Gipfelplateau und errichtete dort eine Flugbeob-
achtungsstation. In der Sperrzone siedelte sich eine streng
geheime Forschungsstation für Funktelemetrie und die

Entwicklung eines deutschen Radars an. Davon überdauerte den Zusammenbruch von 1945 nur die „Küchenbaracke", heute ausgestaltet zum gemütlichen „Wirtshaus am Spitz", das wie eine Almhütte anmutet.

Der Krieg würgte auch die Segelfliegerei ab. Ihre Tradition setzten ab Anfang der 1970er-Jahre erst die Drachenflieger und dann die Paragleiter fort. Die technische Bedeutung des Gaisbergs endete nicht mit dem Krieg. Seit 1957 steht neben dem Gipfel der 100 Meter hohe TV-Sendeturm, der zugleich der Blitzforschung dient.

Auf dem Gipfel sollte man eines Pioniers des Alpinismus gedenken, des Salzburger Theologieprofessors Peter Carl Thurwieser (1789–1865), der nahezu alle bedeutenden Gipfel zwischen Dachstein und Ortler bestieg – weglos, ohne taugliche Landkarten und häufig als Erster. Während des Studienjahres begnügte er sich mit dem Gaisberg, auf den er in 40 Jahren 480 Mal hinaufwanderte. Sein Motiv: „Ich gehe in die Berge, um die Herrlichkeit der Werke Gottes zu bewundern und mich gründlich aufzuheitern und zu erholen."

Hexenturm

Weil die Gefängnisse der Stadt Salzburg Ende 1677 vor Zauberern überquollen, musste die Hofbaumeisterei errechnen, „was 14 Kheuchen im Stadtthurm hindter St. Sebastians Freythof (ohne die tortur Examen und Bschaustiebl) in Paukosten ergehen mechte." Dem bestehenden Turm fehlte eine Folterkammer und ein Raum zur Leibesvisitation. Der Ausbau des Turmes zum Hexen-Gefängnis kostete den Gegenwert von rund 95 000 Euro. Eine Fliegerbombe zertrümmerte 1944 diesen Hexenturm an der Ecke Paris-Londron-Straße/Wolf-Dietrich-Straße. Zeitzeugnisse geben uns aber ein drastisches Bild von den Zuständen in den Keuchen:

Der Hofrat ersuchte am 8. November 1678 mit Nachdruck um einen Ofen für die Folterkammer im Amtshaus, weil sonst die Arbeit an diesem eiskalten Ort zu beschwerlich würde. Keine einzige Keuche war beheizbar.

In den engen Verliesen stand neben einem verdreckten Strohsack ein „Unflattschaff" für die Notdurft. Ob des Gestanks beschwerte sich ein Arzt und forderte eine Reinigung, damit nicht Seuchen ausbrächen.

Die Delinquenten lagen angekettet in diesen düsteren und feuchten Löchern, einheitlich neu eingekleidet in Kittel aus grobem Leinen.

Nachdem 1679 der Delinquent Debellack alle Foltergrade ohne Geständnis ertragen hatte, verwies ihn das Gericht des Landes. Den Zustand dieses armen Teufels illustriert der Befehl, dass er von Läusen gereinigt und „in einem warmen Zimmer gut ernährt" werden sowie neue Kleidung bekommen solle.

Lächerliche Ausgaben für die „Atzung" bedeuteten miserable Kost; von der Festnahme bis zur Hinrichtung verstrichen im Durchschnitt fünf Monate; Verhöre und Folter zerrütteten die Häftlinge psychisch – also spiegeln die bis zum Absurden verstiegenen Geständnisse auch die monatelangen Tagträume, Albträume und Halluzinationen der Delinquenten. Der einbekannte Hexen-Sex mit der „Habergeiß" (Teufel) in der Keuche offenbart ein zum Nichts entwürdigtes menschliches Wrack.
Es sträubt sich die Vorstellungkraft, das Schicksal von zwei Buben zu bedenken, die ein ganzes Jahr in Haft auf ihre Hinrichtung warten mussten, weil sie als Belastungszeugen beste Dienste leisteten.

6 Katastrophe der Holzzieher

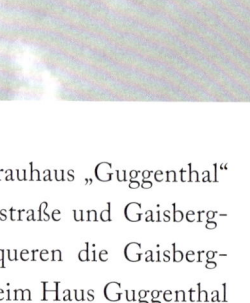

Rundwanderung von Guggenthal zur Gersbergalm und zurück

Start   Altes Brauhaus Guggenthal
Anstieg   150 Höhenmeter
Gehzeit   insgesamt 1 Stunde

Dieser Ausflug beginnt beim alten Brauhaus „Guggenthal" im Zwickel zwischen Grazer Bundesstraße und Gaisbergstraße. Wir wandern ostwärts, überqueren die Gaisbergstraße und biegen nach 300 Metern beim Haus Guggenthal Nr. 23 nach rechts in den breiten Weg Nr. 810 ein, der nach drei Kehren bei einem Marterl endet. Es erinnert an einen Mann, der 1930 in diesem Steilgelände beim Holzziehen tödlich verunglückte.

In diesem Gelände trug sich vor langer Zeit eine gruselige Katastrophe zu. Dank der Hilfe gütiger Geister darf man nämlich am letzten Tag des Jahres Ziehschlitten mit zehnmal mehr Holz beladen als sonst. Das wussten auch drei Holzknechte, weshalb sie zu Silvester trotz schneidenden Schneesturms von Guggenthal in diesen Wald heraufstapften und eine Fuhre nach der anderen gut zu Tal brachten. Für die letzte Fahrt überluden sie ihren Schlitten um das

Zehnfache, und so wurde daraus für sie tatsächlich auch die allerletzte Fahrt. Als sie talwärts brausten, tat sich vor ihnen plötzlich ein riesiges Felsentor auf. Sie konnten nicht mehr bremsen und verschwanden in unendlicher Tiefe.

Offensichtlich bestraften die sonst so hilfreichen Geister die Habsucht der Männer. Diese geistern noch heute in der Silvesternacht durch den Wald, man hört sie heulen und den Schlitten zerkrachen. Den Ort der Katastrophe aber markiert nur mehr ein unansehnlicher Steinblock als Mahnung, dass Arbeitswut und Gewinnsucht den Menschen verderben.

Bei dem Marterl für den Verunglückten verjüngt sich unser Weg zum Pfad, der sich durch den Graben hinaufzwängt und endlich in den Weg von der Gersbergalm zum Nockstein mündet (lohnender Abstecher zum etwas luftigen Nocksteingipfel, ca. 250 hm und 1 Stunde). Wir drehen nach rechts ab zur Gersbergalm und zurück nach Guggenthal.

7 Besuch bei den Salzachgeistern

Radrundfahrt von Salzburg nach Oberndorf/Laufen und über Freilassing wieder zurück

Start   Staatsbrücke

Strecke   38 Kilometer

Fahrzeit   2,5 Stunden

Der Radweg von der Staatsbrücke entlang der Salzach nach Oberndorf erschließt uns ein Stück Geschichte im Wasserbau. Ein kurzer Blick auf das berühmte Salzburg-Panorama in der neuen Residenz, an dem Johann Michael Sattler von 1825 bis 1828 gearbeitet hat, zeigt uns nördlich von Mülln eine unendliche Au, in der die Salzach frei mäandert. Dieser Idealfall für Ökologen entspricht leider nicht den Erfordernissen der Lebensqualität und der Landwirtschaft. Ehe die Salzach in den Sechzigerjahren des 19. Jahrhunderts zwischen Dämmen kanalisiert wurde, setzte sie immer wieder Felder und Häuser zwischen Hallein und Oberndorf unter Wasser. Ob dieser Dauergefahr wurde Oberndorf in den 1980er-Jahren ein Stück flussaufwärts verlegt.

Hohe Dämme schützen nun Wohnstätten und Ernten, beschleunigten allerdings auch den Lauf der Salzach, die sich dank verstärkter Schleppkraft immer tiefer in den Unterboden fraß. Das senkte den Spiegel des Grundwassers und trocknete jene Restbestände an Auen aus, die nicht der österreichweit groß angelegten Melioration anheimgefallen waren.

Die Trockenlegung von nassen Wiesen und Auen entlang kanalisierter Flüsse bereicherte Österreich in der zweiten Hälfte des 19. Jahrhunderts um Ackerland im Ausmaß des Landes Vorarlberg und sicherte damit die Ernährung der rapide wachsenden Bevölkerung. Heute kommt die intensive Landwirtschaft mit erheblich weniger Fläche aus; und das mag die Fehlmeinung begünstigen, dass die Kanalisierung unserer Flüsse unnötig war. Man bedenke, dass dieses Kanalsystem erst die Nutzung der Wasserkraft in Dutzenden Kraftwerken möglich machte.

Die Eintiefung der Salzach sehen wir auf unserer Fahrt bereits an den Pfeilern der Eisenbahnbrücke: Erst das Aufschütten einer Schwelle von riesigen Felsblöcken verhinderte das Unterwaschen dieser Pfeiler. So entstand eine künstliche Stromschnelle.

Einen Kilometer weiter flussabwärts stoppt die nächste Sohlschwelle das Eintiefen der Salzach. Auf der Höhe von Bergheim zeigt uns die Salzach besonders bei Niedrigwasser ihre Nagekraft an einem felsigen Querriegel.

Noch ehe die Salzach zwischen Dämme gezwungen wurde, brach 1860 in Salzburg das Eisenbahnzeitalter an. Es gestattete den Transport von Massengütern in bisher unvorstellbarem Ausmaß und Tempo und brachte das Geschäft der Salzschiffer zum Erliegen. Die Dammbauer nahmen deshalb keine Rücksicht auf die alten Treppelwege, auf denen Männer und

FLACHGAU

Pferde jahrhundertelang Schiffe unendlich mühsam flussaufwärts gezogen hatten.

Dieser technische Fortschritt legte auch den Wassergeistern das Handwerk. Sie hausten seit alters her vornehmlich dort, wo die Oichten in die Salzach mündet. Gelegentlich zogen sie sogar leere Salzkähne von Oberndorf flussaufwärts nach Salzburg und Hallein – doch keineswegs aus Nächstenliebe. Bei dieser Arbeit knallten sie mit Peitschen und riefen laut den Takt zum Schritt. Wer immer aber diesen Ruf hörte, konnte sichergehen, dass er irgendwann in der Salzach ertrinken würde. Den Fischern erschienen die Salzachgeister als feurige Männchen, die Fische verscheuchten und sich gelegentlich für ein Weilchen sogar zu Riesen auswuchsen.

Seit der Salztransport auf der Salzach eingestellt und der Fluss gezähmt ist, werden die Menschen in Oberndorf nicht mehr vom Hochwasser heimgesucht. Auch die verbliebenen Wirbel und Stromschnellen im Fluss bedrohen niemandes Leben mehr. Und weil heute alle Leute schwimmen können, haben die Oberndorfer Wassergeister ihre gespenstische Macht verloren.

Das gilt besonders für den hinterhältigen „Plättentränker", der die flachen Lastboote (Plätten) vor allem nachts anbohrte, damit sie voll Wasser liefen und Schiffer mit sich auf den Grund der Salzach zogen. Man heuerte nämlich damals Nichtschwimmer als Schiffer an, die notfalls alles taten, um ihr Boot vor dem Untergang zu bewahren.

In Oberdorf überqueren wir die Salzach, die 1816 zur Staatsgrenze wurde, womit das uralt-salzburgische Städtchen

Laufen zu Bayern kam. In unserer Zeit der (relativ) offenen Grenzen spielt das keine große Rolle mehr. Wir fahren durch Laufen, folgen südwärts dem Radweg neben der Straße Richtung Freilassing und weichen nach 4 Kilometern nach rechts auf die alte Landstraße aus, auf der es sich sehr ruhig nach Freilassing radelt.

Wem nach weniger Radkilometern der Sinn steht, der verlädt sich und sein Rad in die Lokalbahn und fährt so von Oberndorf zum Salzburger Hauptbahnhof zurück.

Salzachknie mit Stiftskirche Mariä Himmelfahrt in Laufen.

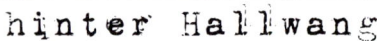

Hexentanz
hinter Hallwang

Radrundfahrt

Start Platzl

Strecke ca. 30 Kilometer, 200 Höhenmeter

Fahrzeit 2,5 Stunden

Da wir dem motorisierten Verkehr möglichst ausweichen wollen, beginnen wir die Fahrt in eine gruselige Vergangenheit nicht sinngerecht beim Standort des zerbombten Hexenturms an der Paris-Lodron-Straße, sondern auf dem Platzl. Wir rollen flussabwärts entlang der Salzach auf dem Radweg bis zum Lokalbahnhof Bergheim, schwenken dort nach rechts ab und folgen fortan dem gut beschilderten Salzkammergut Radweg. Durch den Fußgängertunnel fahren wir zum Gasthof Gmachl, an diesem links vorüber zum nächsten Fußgängertunnel unter der Straße nach Lengfelden hindurch und nun an deren linker Seite gut 200 Meter weit, jetzt nordwärts zwischen Obstgärten hindurch und auf die alte Landesstraße Richtung Oberndorf. Kurz vor der Brücke über die Fischach biegen wir nach rechts in den Gastagweg ein, dem wir bis zum Ufer der Fischach folgen. Dieser Bach bringt aus dem Wallersee eine beträchtliche Wasserfracht mit, die einst im Graben zwischen Seekirchen und Bergheim eine Reihe von Mühlen am Klappern und

Schmiedehämmer am Klopfen hielt. Wasserkraft kostete nichts und übertraf in der Zeit ohne Elektrizität und Dampf die Leistungskraft der Pferde und Ochsen ganz erheblich.

In Lengfelden biegen wir nach Norden ab über die Fischach-Brücke und sind nun für 500 Meter leichten Anstiegs auf die Landstraße angewiesen. An der Zufahrt nach Maria Sorg endet diese unangenehme Lücke im Salzkammergut Radweg, der gleich nach links unter der Straße hindurch in beschauliches Bauernland abschwenkt. In Viehausen, dem ersten Weiler, fahren wir geradewegs auf einen prächtigen Erbhof zu, der beweist, dass man Bauernhäuser modern und bodenständig zugleich erneuern kann. Beachtenswert ist das Muster in einer Haustür: Ineinander gefügte und auf die

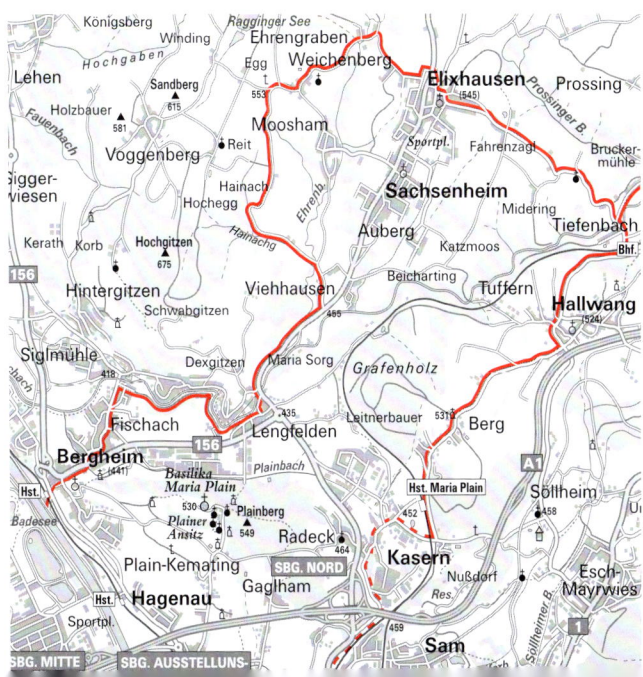

Spitze gestellte Quadrate (oder auch Rhomben) sind ein uraltes Segenszeichen, mit dem die Menschen übernatürliche Kräfte baten, dem Hof Fruchtbarkeit zu gewähren.

Von Viehhausen geht es auf sandigem Weg westwärts bergan durch einen Wald auf eine aussichtsreiche Hochfläche, durch den Weiler Hainach und noch etwa 500 Meter weiter nordwärts bis zu einer Kreuzung. Wir lassen den markierten Radweg nach links abdrehen und fahren nach rechts (nordostwärts) hinunter zur Märzmühle im Weiler Ehrengraben. Diesem Haus neben dem mageren Ehrenbach schaut das Alter aus Fenstern und Fugen. Beachtung verdient die sichtlich altersschwache Haustür, deren strahlenförmiges Ornament Segen und Heil bedeutet. Das ist sinnig für eine Mühle, denn auf dem Weg vom Mehl bis zum Magen pflegte man früher den Brotlaib vor dem Anschnitt dreimal zu bekreuzigen – und das mit einem Messer, denn eine scharfe Schneide vertreibt alle möglichen Arten von Behexung. So half man dem Segen Gottes ein bisschen nach. Man kann ja nie wissen …

Nach einem scharfen Anstieg rollen wir in Elixhausen ein und nehmen die Straße ostwärts nach Hallwang. Die flotte Abfahrt zur Fischach endet kurz vor der Brücke im Weiler Tiefenbach. Hier folgen wir dem Wegweiser nach links Richtung Seekirchen in das stille Tal nur rund 400 Meter weit bis zur Brücke über den schmalen Prossinger Bach (hinter dem die Straße steil zu einer Kapelle ansteigt). Vor der Brücke schwenken wir nach links in den Prossinger Graben bis zum prächtigen Frauenlos-Haus mit der Jahreszahl 1707 über der Haustüre.

Dieses Gebäude gehörte früher zur einsamen Bruckermühle, die freilich längst aufgelassen wurde und einem Neubau wich. Einst stand diese Mühle einsam in dem dicht bewaldeten Graben. Und just diese Einsamkeit erkoren Hexen aus dem ganzen Flachgau zu ihrem Tanzplatz.

Sie pflegten zur Mitternacht von weitum auf ihren Besen durch die Lüfte herbeizureiten und sich wüsten Tänzen mit dem leibhaftigen Gottseibeiuns hinzugeben. Nach den Aussagen bei den Hexenprozessen verteilte der Teufel bei solchen Orgien aus Tieren, Knochen verstorbener Säuglinge, Friedhofserde und etlichen Kräutern gemixte Salben, die Hexen und Besen durch Einreiben erst flugfähig machten. Solche Salben taugten auch zum Krankhexen von Mensch und Tier. Dieses Teufelszeug verdienten sich Zauberer und Hexen, indem sie Gott abschworen, die Madonna verunglimpften und mit Teufeln Sex hatten.

Der Bruckermüller erkannte anderntags den Hexensabbat an dem zertrampelten Gras rings um sein Haus. Diesem gruseligen Vorgang setzte schließlich ein Prälat aus Salzburg ein Ende, indem er die Mühle und ihre nähere Umgebung weidlich mit Weihwasser besprengte. Daraufhin suchten sich die Hexen andere Tanzplätze – vornehmlich bei riesigen Eichen oder Linden auf flachen Kuppen, wie man sie im Flachgau häufig sieht.

Wir radeln nun zurück nach Tiefenbach und nehmen den Anstieg unter der Bahn hindurch auf die prächtige Anhöhe von Hallwang, rollen durch das Dorf, weiter dem Straßenschild folgend südwestwärts über die Anhöhe von Berg nach Kasern und zurück in die Stadt.

9

Standhaft bis in den Tod

Radrundfahrt über Fischtaging, Henndorf, Altentann und Unzing

Start Eugendorf

Strecke 19 Kilometer, immer wieder auf kurzen Strecken sanft bergan und bergab

Fahrzeit 1,5 Stunden

Beim Kriegerdenkmal vor der Kirche in Eugendorf starten wir auf breiter Straße ostwärts, überqueren die Seekirchner Straße und schwenken sofort nach rechts in den Santnerweg ein, der nach 300 Metern in die Alte Wiener Straße mündet. Sie führt uns ziemlich parallel zur Bundesstraße durch die Senke des Schamingbaches und leicht ansteigend zum Gastagwirt. Hier taucht nun halblinks auf einer sanften Kuppe völlig frei stehend eine große ebenmäßige Eiche auf.

Prominente Punkte dieser Art galten als bevorzugte Schauplätze eines Hexensabbats mit seinen teuflischen, sexuellen und zauberischen Exzessen. Über solche nächtlichen Hexentänze konnten allerdings nur Teilnehmer berichten, weil sich potenzielle Denunzianten nachts nicht einmal in die Nähe eines vermuteten Hexentreffs wagten. Folglich versprach der Hexensabbat einem geschickten Vernehmer außerordentliche Beute: Gaben Angeklagte – notfalls unter Folter – erst einmal die Teilnahme an einem Hexensabbat zu, dann konnten sie auch die anderen Teilnehmer denunzieren. Und nach der Praxis der Hexenprozesse entkam der Denunzierte kaum noch der Todesstrafe, es sei denn, er hätte alle Foltergrade ohne Geständnis ertragen, was nur äußerst selten geschah.

So einem außergewöhnlichen Fall begegnen wir jedoch, wenn wir auf der alten Landstraße weiterfahren und trotz des Schildes „Sackgasse" geradeaus bis zur abgesperrten Mündung in die neue Bundesstraße und nun noch 250 Meter auf einem Radweg bis zu einer Kreuzung radeln. Hier endet der Radweg, wir drehen nach links (nordwärts) Richtung Fischtaging ab, halten aber im Weiler Haging zur Erinnerung an eine Tragödie.

Hier nahmen 1678 die Schergen des Pfleggerichts Altentann die etwa 60-jährige Barbara Sibendorfer und ihren Sohn Ruepp fest, weil „die Leut schon mit Fingern auf sie zeigten" und sie der Hexerei beschuldigten. In ihrem Haus fand man Salben, Stupp (Zauberpulver) und einen Totenkopf. Ruepp erklärte das alles mit der Gehässigkeit, dem Neid und der Ohrenbläserei seines Schwiegervaters; dieser habe auch die Zaubermittel im Haus versteckt.

Zwei in Salzburg einsitzende Zauberer identifizierten in einer vom Gericht bestellten Expertise ein graues und ein weißes Stupp aus dem Schrank der Sibendorferin als „echt".

Doch die Sibendorferin gab nichts zu und beeindruckte das Gericht mit dem lapidaren Satz: „Wan ich nichts wais, kan ich nichts sagen." Daraufhin wurde sie geschoren und mit Weihwasser gewaschen. Dann bekam sie die geweihte Foltersuppe und Prügel mit der geweihten Rute. Weil sie immer

FLACHGAU

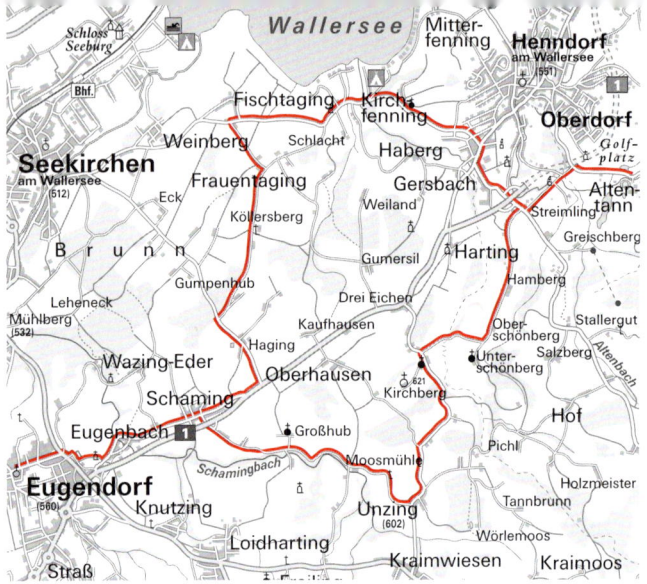

noch nichts zugab, wurde sie an die Leiter gespannt – ebenso erfolglos. Also wurde sie an Fingern, Zehen und unter den Achseln mit Fackeln gebrannt. Sie schrie, gab aber trotzdem nichts zu. Die folgenden drei Monate Haft unter verheerenden Bedingungen und weitere Folter überforderten jedoch irgendwann die Kräfte der Frau. Das Gericht protokollierte am 6. November 1678, dass sie „nach verrichteter hl. Beicht und Communion in der Keuchen gestorben ist".

Ihr 33-jähriger Sohn Ruepp erkrankte in der ungeheizten Keuche, wurde im Februar 1679 vor Gericht seinem Schwiegervater gegenübergestellt und brach plötzlich ohnmächtig zusammen. Am 24. März 1679 ist er laut Protokoll „im Gefenknus (= Gefängnis) „nach verrichter hl. Beicht und Communion verstorben und im unschuldigen Kindlfreithof (neben St. Sebastian in Salzburg, Anm.) begraben. *Requiescat? Si poenitens fuit* (ruht er in Frieden? Wenn er bußfertig war).“ Bußfertig oder nicht – Mutter und Sohn Sibendorfer gerieten wegen eines Familienstreits in die Mühlen der Hexen-Inquisition und starben – wie so viele andere – schuldlos.

Wir fahren jetzt nordwärts weiter nach Fischtaging, biegen dort nach rechts ab (Radmarkierung Wallersee-Runde) und radeln etwas ansteigend nach Henndorf. Dort mündet unsere Einfahrt (Seekirchner Straße) in die Bundesstraße, der wir nach rechts (südwestwärts) 200 Meter weit folgen. Nun zweigen wir bei nicht zu übersehenden Wegweisern (Altentann, Thalgau, Hof) nach links ab, unterqueren die Bundesstraße und biegen nach 200 Metern nach links Richtung Altentann ab, das wir nach 1,5 Kilometern erreichen. Vom Pfleggericht Altentann blieben nur mehr morsche Mauern in einem Teich.

Dieses Pfleggericht war für den östlichen Flachgau zuständig und lieferte während der großen Salzburger Hexenhatz von 1675 bis 1681 neun Delinquenten nach Salzburg – und dazu noch vier aus Straßwalchen. Sie alle wurden in der Keuche von Altentann „geparkt“, bis der Scharfrichter in Salzburg wieder Platz im Hexenturm geschaffen hatte.

Bei der Ruine Altentann wenden wir, rollen zurück zur Straße nach Thalgau, folgen nun südwärts dem Mozart-Radweg nach Unzing und biegen hier nach rechts ab zurück nach Eugendorf.

FLACHGAU

Hexenmacht

Der Glaube an die Kraft von Zauberei und Hexerei wurzelt tief in allen Kulturen als Erklärung für Unerklärliches. Hexerei war ein eingebildetes Verbrechen, von dem niemand außer den Hexen Konkretes wusste. Also konnte lediglich ein Geständnis die physikalisch unmögliche Hexerei beweisen.

Hexenglaube erzeugte keineswegs Dauerangst, wohl aber das Bewusstsein von latenter Gefahr. Zeiten schwerer Krisen, gesellschaftlicher Umbrüche und chaotischer Verhältnisse schürten Verhexungsängste, die schließlich in Gewalttätigkeit uferten.

Irrational wie der Hexenglaube ist auch die Hexe – ein Bild der persönlichen Ohnmacht: Alt, allein, arm, ausgegrenzt und Schlusslicht in der sozialen Hackordnung. In Kunst und Märchen lebt dieser „Sozialfall" von damals fort: die hässliche, zahnlose, von niemandem beschützte und vom Alter gebeugte Witwe – bösartig, arglistig, hinterhältig, ohrenbläserisch. Die prominenten Gegner des Hexenwahns forderten deshalb trotz hohen strafrechtlichen Risikos auch stets den Schutz der Frau. Immerhin waren die Opfer des europäischen Hexenwahns zu drei Viertel Frauen. Im Alpenraum allerdings brachten es die Männer auf einen hohen Anteil der Opfer – in der Erzdiözese Salzburg sogar auf fast drei Viertel.

Die Angst vor dem Schadenszauber – dem „Malefizium" – ging fast nur in der bäuerlichen Welt um. Denn Fehlernten, Hagel,

Muren, krankgezaubertes Vieh, Kühe, die keine Milch mehr gaben, angehexte Krankheiten, weggezauberte Fruchtbarkeit – alles das berührte nicht die Existenz des Stadtvolkes.

Schadenszauber stellte ein juristisches Problem, Teufelspakt hingegen ein religiöses dar. Die Mischung aus beidem sprach Hexen und Zauberern schlichtweg märchenhafte Fähigkeiten zu: den Hexenritt zu den teuflischen Orgien auf einem Hexensabbat, die Verwandlung in Tiere, den Einfluss auf den Gang der Natur oder die Erzeugung von schaden- oder wunderwirkenden Hexensalben aus Kinderleichen.

Gegen die „immaterielle" Allmacht der Hexen- und Zauberkünste ersannen die Menschen ebenso „immaterielle" Rituale und Mittel zur Abwehr: Tierschädel, Zauberzeichen oder Gegenzauber. Eine Wachsfigur, die an einem Freitag in einer Messe geweiht und dann an jener Stelle mit einem Messer gestochen wurde, an der ein Kranker sein Leiden spürte, zwang die unbekannte Hexe, die Krankheit zurückzunehmen. Gaben Kühe zu wenig Milch, dann kochte man Milch und stach mit Messern hinein. Das schmerzte die Hexe so lange, bis sie wieder Milch einschießen ließ.

Religiosität bot auch Schutz vor Hexen, Zauberern, Teufeln und bösen Geistern. Mit einem Gebet, dem Kreuzzeichen, dem Besprengen mit Weihwasser, dem Wettersegen und durch viele Feste und Riten zu bestimmten Jahreszeiten erbat das Volk Schutz und Hilfe Gottes, der Gottesmutter und der Heiligen. Geweihtes schreckt Schaden ab – vom Palmbuschen auf dem

Feld bis zum Räuchern in den Raunächten mit Kräutern, die am „hohen Frauentag" (15. August) geweiht wurden.

Den Hexenritt in der Walpurgisnacht malte das Volk gruselig aus. Damit sich die Hexen bei diesem Ritt nicht irgendwo niederließen, um Unheil anzurichten, wachten die Menschen die ganze Nacht, verscheuchten die Geister durch Lärm mit Trommeln und malten drei Kreuze an Türen der Häuser, Ställe und Scheunen. Das blieb als Dreikönigbrauch mit den Buchstaben K(etzer), M(alefiz) und B(eelzebub) zwischen Kreuzen, woraus aber K(aspar), M(elchior) und B(althasar) wurde. Die lateinische Schutzformel lautet indessen C(hristus) B(enedicat) M(ansionem); Gott schütze das Haus.

Naheliegende Fakten stellten den Glauben an die Macht von Zauberern und Hexen nicht infrage: Warum zogen Hexen und Zauberer aus ihren Künsten nie greifbaren Gewinn? Warum vegetierten sie in Armut und Elend dahin? Warum versicherten sich die Mächtigen nicht ihrer Dienste, um Kriege und Hungersnöte zu verhindern?

Doch diese Logik kam nicht gegen das bewährte Rezept auf, Unerklärliches mit obskuren Kräften zu erklären – wie das sogar Thomas von Aquin (1227–1274) tat: Hexen existieren und können mit Gottes Erlaubnis Schaden anrichten, Fruchtbarkeit in der Ehe verhindern, Störungen in der Luft verursachen und Feuer vom Himmel fallen lassen. Diese Ansicht ist eine grotesk „heidnische" Beute der Kreuzzüge: Die maurische Magie.

10

Gift und Weihwasser im Brunnen

Rundwanderung über Irrsdorf und Straßwalchen

Start   Bahnhof Steindorf

Strecke   10 km

Gehzeit   2,5 Stunden

Vom Bahnhof Steindorf wandern wir südostwärts in den Ort, überqueren die Bundesstraße und halten uns jetzt an die Markierung „Arnoweg", den Weitwanderweg durch das Land Salzburg zur Erinnerung an die Beförderung des Bischofs Arno zum Erzbischof im Jahr 798. Dieser Weg folgt zuerst dem Salzkammergut Radweg durch den Weiler Stadlberg hinauf auf eine für den Flachgau so charakteristische langgezogene Bodenwelle. An der folgenden Kreuzung biegen wir nach rechts ab, kommen in einer langen Linkskurve an der Hubertuskapelle vorbei und wandern nun leicht bergab und unter der Westbahn hindurch zur Kirche von Irrsdorf.

Die erste Silbe dieses Ortsnamens beschreibt nicht irgendjemandes Geisteszustand, sondern die Angst der Römer vor den Bären in dieser Gegend. Die Bajuwaren modelten den lateinischen „ursus" zum „Ürs" um, an dem wir heute den ausgerotteten Bären wirklich nicht mehr erkennen.

FLACHGAU

Hoch über dieses beschauliche Dorf ragt die Kirche hinaus, deren gotisches Portal eine Rarität von europäischem Rang ist. Es stellt die Begegnung der Cousinen Maria und Elisabeth dar; jene schwanger mit Jesus, die andere ebenfalls schwanger mit Johannes dem Täufer. Um die Schwangerschaft jedermann augenfällig zu machen, tragen beide Frauen ihr winziges Baby vorne am Bauch. Diese Reliefs von heiligen Frauen setzen den christlichen Gegenpol zu den teuflischen Hexen. Der Gegensatz zwischen Mutter Gottes und Teufelsbuhle könnte krasser nicht sein.

Von Irrsdorf wandern wir auf der Landstraße etwa 700 Meter westwärts, biegen beim Weiler Rattenberg rechts ab über den Hainbach und folgen dem mit Nr. 7 markierten Weg nordwestwärts sanft ansteigend zur Hochfläche von Ruckling. Nahe dem stattlichen Asperhof stand bis vor zwei Menschenaltern eine mächtige Eiche, die man weit nach Oberösterreich hinein sah. In den ohnedies geheimnisumwitterten Raunächten – Wintersonnenwende, Neujahr, Dreikönig – war diese Eiche Treffpunkt aller Salzburger Hexen und Zauberer. Ob Schneesturm oder

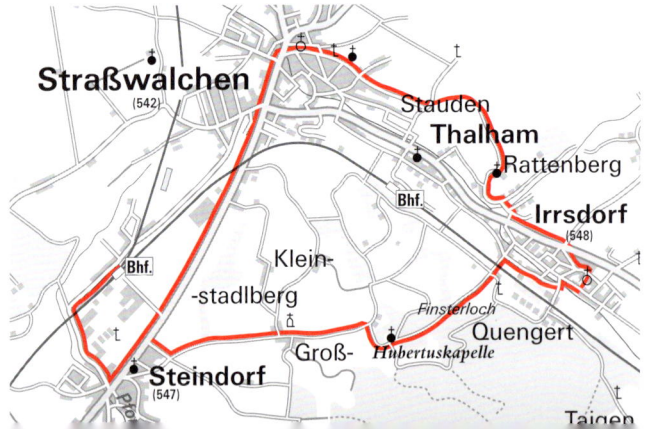

nicht – die Hexen ritten auf Besen oder Böcken hierher und feierten mit Teufeln den Hexensabbat. Höhepunkt dieser Orgie war die „schwarze Messe", bei der Zauberer und Hexen vor dem Teufel auf die Knie fielen, seine Genitalien küssten, Hostien schändeten und zuweilen gar Kinder fraßen. Einem wilden Gelage folgte Unzucht aller Art. Zuweilen zeugten Teufel mit Hexen missgestaltete Kinder, die sogenannten „Wechselbälge". So gestand eine vom Teufel Geschwängerte, sie habe den „Wechselbalg" vergraben. Am angegebenen Platz fand das Gericht einen geselchten Fisch und eine Kröte. Beigezogene Experten bescheinigten diesen Fundstücken teuflischen Ursprung. Häufig beschenkten die Teufel ihre Hexen auch mit Geld. Doch am Morgen nach dem Sabbat verwandelte es sich in Scherben, Dung, Stroh oder dürres Laub.

Es gehörte zu den Charakteristika dieses Hexen- und Teufelswahns, dass er außer lächerlichen Salben und Pulvern nie konkrete Beweise beibrachte. Damit sicherte er allerdings auch seine Fiktionen. Wahn konstruierte eben Unwirkliches. Den Beweis dafür musste das Opfer dieses Wahns durch ein Geständnis liefern – notfalls durch Folter. Die Theologie ersann dafür die passende Theorie: Gott gewährt dem Teufel die Macht zu bösen Taten, wenn sich Menschen daran beteiligen. Die Willensfreiheit befähigt den Menschen, sich den Himmel oder die Hölle zu verdienen. Der Teufel muss nun Menschen finden, die für ihn Schandtaten ausführen und Gott abschwören. Dazu verleiht er den Menschen magische Kräfte, gegen die alle Heilkunst wirkungslos ist.

FLACHGAU

Wir wandern nun nach Straßwalchen hinein, wo sich 1678 eine Groteske abspielte, die indessen die allgemeine Angst der Menschen vor Hexen und Teufeln dramatisch dokumentiert.

Die vier Töchter des Mesners „beschrien" (beschuldigten) Anna Reinberger, einen Ziehbrunnen im Markt vergiftet zu haben. Also setzte der Landrichter die Frau in die Keuche. Eine Untersuchung ergab jedoch das Ergebnis, dass niemand, der aus

Teufelsbuhlschaft

diesem Brunnen getrunken hatte, irgendwelche Beschwerden bekam. Der Landrichter meldete diese erfreuliche Wende nach Salzburg – verhörte aber vorsorglich die Reinbergerin. Und die gestand nun voreilig, den Brunnen mit einem Teufelspulver vergiftet und mit dem Teufel seit Langem – zuletzt sogar in der Keuche – Sex gehabt zu haben. Mittlerweile traf in Straßwalchen der Befehl des Salzburger Höchstgerichts ein, die Frau freizulassen. Auf den Bericht des Landrichters über das Geständnis ordnete der Hofrat jedoch die Überstellung der Reinbergerin nach Salzburg an und nahm sie hart ins Gebet. Die Frau beschuldigte nun plötzlich ihre Mutter und ihre drei Geschwister des gemeinsamen Fluges zu einem Hexensabbat, worauf diese vier Personen ebenfalls festgenommen wurden.

Unterdessen ließ der Landrichter in Straßwalchen auf höheren Befehl den Brunnen mit Brettern vernageln und das Wasser ausschöpfen. Mit neuen Steinen sollte ein neuer Brunnenboden gelegt werden. Leider floss derart viel Grundwasser nach, dass er auch mit mehr als 500 Eimern nicht ausgeschöpft wurde. Man ließ also zwei Hunde trinken. Weil diese überlebten durfte der Brunnen wieder volllaufen, dann schüttete man zum Schutz vor Hexerei eine gehörige Portion Weihwasser und Heilig-Dreikönig-Wasser hinein und gab den Brunnen wieder frei. Die Reinbergerin aber, ihre Mutter und ihre drei Geschwister wurden 1678 in Salzburg als Hexen erdrosselt und dann verbrannt.

Nach diesem Exkurs in eine düstere Vergangenheit holt uns die Rückkehr nach Steindorf auf der Bundesstraße wieder in die Gegenwart zurück; 2 Kilometer Verkehrslärm bürgen dafür.

FLACHGAU

11

Die Autorität im Dorf

Start	Fuschl am See (670 m)
Ziel	Thalgau (545 m)
Strecke	9 Kilometer
Anstieg	250 Höhenmeter
Gehzeit	insgesamt 3 Stunden

In Fuschl halten wir uns an den Wegweiser „Arnoweg" (Markierung Nr. 10) nordwärts entlang des Seeufers und dann vorbei am Schoberbauern 250 Höhenmeter hinauf zur Ruine Wartenfels.

Diese Burg baute einst ein Ritter, der vom Wüten eines Drachen erfahren hatte. Das Ungeheuer hauste etwas weiter östlich an der senkrechten Drachenwand. Durch das Loch im Grat verschleppte es seine Opfer – Menschen und Tiere – und fraß sie im Wald. Der Ritter stellte dem Drachen eine Falle, konnte ihn überraschen und brachte ihn nach langem und erbitterndem Kampf um. Seither herrscht in dieser Gegend wieder tiefer Bergfriede.

Derart gruselige Sagen lenken vom Symbolwert ab, weil der Drache in der christlichen Lehre stets für den Teufel stand, den die „Wurmheiligen" Michael oder Georg niederrangen.

Wir kehren jetzt wieder auf den sicheren Boden der

Geschichte zurück. Wartenfels war nämlich Sitz des Pflegers, dessen Amtsräume samt Keuche aber schon 1564 nach Thalgau übersiedelten.

Dorthin weist uns der „Arnoweg" westwärts nach der Markierung Nr. 2 über das Bauernland auf dem breiten Höhenrücken von Egg und schwenkt dann nach Norden durch den Wald nach Thalgau ab. An der Brücke über die Fuschler Ache biegen wir nach links in den Achenweg ein und folgen ihm rund 500 Meter weit bis zu einer Kapelle, wo nach rechts der Prozessionsweg am Friedhof vorbei zur großen Pfarrkirche und zum Bezirksgericht führt, dem ehemaligen Pfleggericht.

Hier führte der Scherge das Regiment. Seine Funktion entsprach ungefähr der Mischung aus Gerichtsdiener und Gendarm. Er verhaftete große und kleine Sünder und sperrte sie so lange in die Keuche, bis das Gericht eine Entscheidung getroffen oder ein Urteil gefällt hatte. Immerhin machte der Thalgauer Scherge während der Zauberer-Jackl-Hysterie fünf Bettler dingfest (darunter zwei Gasteiner und einen Steirer), die dann nach Salzburg überstellt wurden und dort als Hexer den Tod erlitten.

Die Drud vom Wolfgangsee

Start	Vitzen am Berg bei Gschwendt am Wolfgangsee (650 m)
Ziel	Bleckwand (1541 m)
Anstieg	900 Höhenmeter
Gehzeit	Hin- und Rückweg 5 Stunden

Östlich des Weilers Gschwendt auf dem Delta des Zinkenbaches zweigt rechts von der Bundesstraße nach Bad Ischl die alte Straße ab, der wir bis zum Wirtshaus Landauer folgen. Hier schwenken wir nach rechts (südostwärts) in das Sträßchen ein, das uns durch ein Waldstück zum Mautschranken vor dem Gehöft Vitzen bringt. Wir ersuchen um Parkerlaubnis und steigen nun auf dem markierten Weg Nr. 874 teils auf dem Mausträßchen, teils die Kehren abschneidend an bis knapp vor den Pracklgraben. Dort weichen wir nach links auf den markierten Weg Nr. 32 aus, der anfangs steil durch den Wald und dann moderater über die Bleckwand-Almen und das Bleckwandhaus zum Gipfel führt. Dieser großartige Ausguck verschafft uns einen guten Überblick über die Landschaft um den Wolfgangsee.

In dieser Gegend geht immer noch die gespenstische Drud um. Sie fliegt nachts beim Kammerfenster oder durch das Schlüsselloch in das Haus herein, setzt sich auf die Brust von Schläfern und schnürt ihnen die Luft ab, dass sie fast ersticken.

FLACHGAU

Bemerkt jedoch jemand die Drud rechtzeitig, dann kauft er sich von ihrem Druck durch ein Geschenk los. Druden sind „böse Weiber", die von einer überirdischen Macht gezwungen werden, ihre Mitmenschen zu quälen. Häufig ist das Dasein als Drud auch die Strafe für Kindsmörderinnen. Am Morgen erwachen dann die Menschen schweißgebadet wie von einem schrecklichen Traum.

Wer jedoch die Abwehr weiß, hat keine Drud mehr zu fürchten. Man ritzt den „Drudenfuß" (Pentagramm) über das Bett, einen fünfzackigen Stern, bindet einen Mistelzweig an die Hauswand oder stellt die Schuhe so unter das Bett, dass die Spitzen nach außen stehen.

Einen langen Blick vom Gipfel ist der Weiler Gschwendt wert. Dort litten die Menschen eine kleine Ewigkeit lang unter der Heimtücke der Dorner-Hexe. Obwohl sie nur eine einzige klapprige Kuh besaß, verfügte sie über mehr Milch,

Butter und Käse als ganz Gschwendt zusammen. In ihrer armseligen Stube hingen nämlich Stricke vom offenen Kamin herunter. Und wenn die Dorner-Hexe daran zog, floss daraus fette, süße Milch – aus den Eutern der Kühe in anderer Leute Ställe. So bekamen die Gschwendter nicht einen Tropfen Milch, mochten sie noch so lange melken.

Außerdem vertrug die Hexe den Lärm der vorüberrumpelnden Fuhrwerke nicht. Also verschaffte sie sich nach Belieben Ruhe, indem sie Ross und Rad bannte, weshalb sich die Fuhrwerke nicht mehr von der Stelle rühren konnten. Manche Anrainer der Salzkammergut-Straße bedauern angeblich, dass sie selbst nicht über diese Fähigkeit der Dorner-Hexe verfügen, die seit Aufkommen der Melkmaschinen und des Massenverkehrs spurlos verschwunden ist.

Auf dem Anstiegsweg geht es wieder hinunter.

13

Hexentänze
auf dem Untersberg

Start	Hinterettenberg (780 m)
	bei Marktschellenberg
Ziel	Berchtesgadener Hochthron (1 972 m)
Anstieg	1 200 Höhenmeter
Gehzeit	4,5 Stunden

Der Untersberg ist für Berchtesgadener und Salzburger gleichermaßen Hausberg, das riesige Hochplateau dieses Kalkstocks mithin gemeinsamer Lande- und Tummelplatz bayerischer und österreichischer Zauberer und Hexen und internationaler Teufel. Wir nehmen also unseren Hausberg auf einem wenig begangenen Weg in Angriff.

Von der Wallfahrtskirche Maria Ettenberg fahren wir noch gut einen Kilometer auf den Untersberg zu – bis der markierte Weg Nr. 466 beim Ludlgraben nach links (westwärts) abzweigt. Wir steigen erst 600 Höhenmeter durch Wald auf bis zum Scheibenkaser und wandern dann entlang der Südabstürze des Untersbergs auf aussichtsreichem Höhenweg hinüber zum „Leiterl", einer schroffen Geländestufe, jenseits welcher sich langsam das Hochplateau dem Blick auftut. Am Stöhrhaus vorbei erreichen wir schnell den höchsten Punkt des Untersbergs, den Berchtesgadener Hochthron. Man erkennt

ohne Weiteres, dass die Fantasie der Menschen diese riesige Hochfläche zum Tanzplatz der Hexen stilisierte.

1582 eröffnete der Hofrat ein Verfahren gegen den fürst-erzbischöflichen Rat Dr. Martin Pegger wegen angeblichen Missbrauchs des Richteramtes sowie Okkultismus und Kontakt zu Gespenstern. Pegger war ein ausnehmend vielseitig gebildeter Spitzenjurist, dessen Werke noch bis in das 18. Jahrhundert gedruckt wurden. Offensichtlich wurde er Opfer der Intrige eines Kollegen. Pegger wurde verhaftet und mit ihm auch seine Frau; ein kurz zuvor wegen Hexerei verbrannter „Unhold" hatte sie nämlich vor dem Hofrat als Hexe verpfiffen. Die Durchsuchung des Hauses Pegger förderte unter anderem eine reiche Sammlung von Büchern und persönlichen Aufzeichnungen über Volksmythen und Aberglauben zutage, darunter auch Bergsagen vom Untersberg. Prompt tauchte der „Verdacht" auf, dass Peggers Frau zum Hexensabbat auf den

Untersberg geflogen sei und in ihrem Haus die blutrünstige alttestamentarische Bigamistin Herodias empfangen habe. Da das Paar nichts gestand, blieb es bis zum Tod zehn Jahre später auf der Festung in Haft. Pegger fand seine ewige Ruhe in geweihter Erde, seine Gemahlin indessen als „Frau üblen Rufes" nur außerhalb des Friedhofs.

Der absurde Hinweis akademisch gebildeter Personen auf Herodias, deren königlicher Gemahl Herodes Johannes den Täufer hatte enthaupten lassen, offenbart uns dramatisch die Auswirkungen des Hexenwahns. Kein Wunder, dass

fantastische Geschichten über den Zauberer Jackl auf gläubige Ohren fielen: Der Jackl könne einen großen Wagen mit Heu samt dem Pferd verschlucken; er habe von einem Besen ein Stück Reisig abgebrochen, worauf ihm der Besen nachgeflogen sei; aus Holzspänen habe er einen Rührkübel gezaubert und etliche Wörter in diesen Kübel hineingebrummt, worauf dieser halbvoll mit Rahm gewesen sei.

Den Rückweg vom Tanzplatz Untersberg nehmen wir auf der Anstiegsroute.

Der Zauberer Jackl

Der „Zauberer Jackl" (Jakob Koller) löste 1675 die weitaus größte Hexenhatz im Gebiet des heutigen Österreichs und eine der größten in Europa aus. Er kam um 1655 in Mauterndorf als Sohn eines Abdeckers zur Welt und zog nach dem Tod seines Vaters um 1660 mit seiner Mutter Barbara Koller in deren Geburtsort Werfen. Als Tochter und Witwe eines Abdeckers lebte sie von aggressiver Bettelei und zauberischer Erpressung. Jackl hatte somit keine Chance, von der untersten Sprosse der sozialen Leiter wegzukommen.

Die Kollerin lehrte ihren Sohn auf Streifzügen, wie man mit Bettelei, Betrügerei und Diebstahl überlebt. Opferstock-Einbrüche brachten die Frau schließlich in die Fänge der Justiz. Offenkundig war Jackl sehr intelligent, gerissen, ein Naturtalent in Psychologie und ein trickreicher Taschenspieler. Das begründete seinen rasant anwachsenden Ruf als Zauberer, „Verbrecherfürst" und Anstifter von Gaunereien.

Jackl sammelte junge Bettler um sich. Seine Anhänger erzählten wahre Wunderdinge über ihn. So übertraf sein Ruf bald schon die kriminelle Bedeutung seine Gaunereien. Die panische Obrigkeit erwischte dieses Phantom nicht, obwohl sie schließlich die Kopfprämie um das Zwanzigfache auf den Wert von 100 Kühen steigerte. An den Jackl wagte sich trotzdem niemand, man fürchtete seine Rache durch Schadenszauber. Die Zauberer-Jackl-Hysterie brachte von 1675 bis 1681 in Salzburg 138 Personen wegen Zauberei und Hexerei vor Gericht; 133 von ihnen verfielen dem Henker, fünf erlagen den Strapazen der Folter und der Haft.

Erzbischof Max Gandolf von Kuenburg (1668–1687) wollte die Landplage der aggressiven und kriminellen Bettelei ausrotten. Noch wichtiger war ihm das Ziel, die Jugend zu schützen – wie unzureichend auch immer. Kreidete man doch dem Jackl besonders an, die Jugend vom Glauben abzubringen.

Barbara Koller endete 1675 als erstes Opfer der Zauberer-Jackl-Hatz auf dem Scheiterhaufen. Ihr Sohn verschwand spurlos und blieb trotzdem Hauptfigur einer riesigen Prozessflut. Niemand weiß, wann und wo er starb.

14

Fliegende Schlosserei

Tagesausflug mit dem Pkw, verbunden mit einer Wanderung, Besuch in den ehemals salzburgischen Pfleggerichten Laufen, Tittmoning und Mühldorf

Gesamtstrecke: ab Salzburg mit dem Auto 156 Kilometer, dazu rund 2 Stunden Gehzeit.

Wir machen uns auf in einen Teil Bayerns, der bis 1802 zu Salzburg gehörte und vom Hexenwahn ebenso nicht verschont blieb. Vor allem wollen wir den Leidensweg eines 16-jährigen Mädchens nachgehen, das 1750 als eines der letzten Opfer der Hexenhysterie in Salzburg erdrosselt wurde.

Die Fahrtroute von Salzburg über Freilassing, Tittmoning und Altötting nach Mühldorf bedarf keines gesonderten Hinweises. In Mühldorf parkt man den Pkw möglichst im Bereich der Innbrücke.

Durch das Altöttinger Tor betreten wir den mit 500 Lauben gesäumten 450 Meter langen Stadtplatz, verlassen ihn am anderen Ende durch das Münchner Tor, betreten den Katharinenplatz und suchen hinter der Kreissparkasse die Hausnummer 19. Das ist die ehemalige „Höllenschmiede", in der eines Nachmittags im Jänner 1749 die Einrichtung verrückt spielte. Bewohner und Passanten hörten und fühlten, was sie nicht sahen: Eine geheime Kraft wirbelte Schmiedehämmer durch die Luft, warf Steine umher, knallte Türen und trieb mit Klopfzeichen gespenstischen Spuk. Wen immer solche Geschoße trafen, dem kam es vor, als berühre ihn ein weiches Lederbällchen.

Diesen Spuk schrieb der Schmied der 16-jährigen Maria Pauer zu, einem „Kindsmädel von beschränkter Geisteskraft", und warf das arme Ding aus dem Haus. Maria kam bei anderen Leuten unter – und prompt legte dort der Spuk derart los, dass sogar die Behörde ihre Ohren spitzte. Das Mädchen war seit einiger Zeit schon als „Medium" für okkulten Mumpitz sowie durch Streiche und Possen aufgefallen; nun lachte es über den Polterspuk und behauptete, dass ihr dabei nichts geschehen könne. Mehr brauchte es nicht für den dringenden Verdacht der Hexerei.

Vorerst kam die Pauerin in die (original erhaltene) Hexenkammer im Mühldorfer Rathaus (Stadtplatz Nr. 21) nahe dem Münchner Tor und dann in die Mangel des Pfleggerichts. Dieses steht (umfunktioniert zum Finanzamt) auf dem Katharinenplatz gegenüber der Kreissparkasse jenseits einer Grünanlage. Aus der nüchternen Fassade dieses herrschaftlichen Baus sticht das Wappen des Salzburger Fürsterzbischofs und Kardinals Matthäus Lang hervor. Er ließ das Gebäude 1539 als „erzbischöfliches Pflegeschloss" errichten.

Dort schilderte nun die Pauerin den verblüfften Juristen unbefangen und ohne Folter alarmierende Dinge: Flug zum Hexensabbat, Sex mit einem Teufel, Hostienschändung in Form eines Wettkampfes im Weitwerfen. Wiewohl Zeugen

beeideten, dass die Pauerin zu alledem absolut unfähig sei, wurde das Mädchen dem Höchstgericht in Salzburg überstellt. Jetzt konnte es nicht mehr so glimpflich abgehen wie 35 Jahre früher beim Prozess von 1716 gegen ein paar halbwüchsige Mühldorfer. Da man sie des Wetterzaubers, Mäusemachens und der Hostienschändung verdächtige, schickte der Erzbischof einen Hofrat nach Mühldorf. Die Buben gaben auf dessen inquisitorische Fallenstellerei diese Hexereien derart widersinnig zu, dass die Bürgerschaft offen zu murren begann und zwei Geistliche öffentlich gegen dieses Theater auftraten. Der Hofrat bedrohte sie zwar mit einem Prozess, beendete aber dann die ganze Angelegenheit mit einer salomonischen Entscheidung, um das Gesicht der Obrigkeit zu wahren: Der Schulmeister züchtigte die Buben mit der Rute und lehrte sie die Regeln der richtigen Moral.

Wir verlassen nun Mühldorf durch das Altöttinger Tor und folgen dem Weg der auf einen Karren gefesselten Pauerin nach Salzburg.

Die erste Station war die Keuche in Tittmoning nahe der Pfarrkirche. Bei der Einfahrt in die Stadt fällt das Wappen des Fürsterzbischofs Markus Sittikus über dem Tor des Burghauses auf. Das erklärt die verblüffende Ähnlichkeit mit dem Gstättentor in Salzburg. Für uns von Belang ist das moderne Seniorenheim zwischen nördlicher Stadtmauer und der ansteigenden Straße nach Burghausen. Hier stand früher das Bruderhaus, eine Unterkunft für Kranke und Altersschwache. Dieses Haus tauchte 1678 in der Zauberer-Jackl-Hysterie auf.

Die elfjährige Bettlerin Barbara gestand nämlich, in diesem Haus mit dem gleichaltrigen Bettelbuben Hanerl eine Weile untergekommen zu sein. Auch ihre Mutter Anna, eine aus der Umgebung von Tittmoning stammende Bettlerin, habe in diesem Bruderhaus eine Weile gelebt. So geriet auch Tittmoning in den Geruch eines geheimen Treffpunkts von Hexen. Die zwei Kinder und Anna wurden 1678 in Salzburg erdrosselt.

Nächster amtlicher Stützpunkt für Delinquenten auf dem Weg nach Salzburg war Laufen. Wir verlassen also Tittmoning durch das Laufener Tor, halten kurz an und werfen einen Blick zurück auf dieses Bauwerk. Über dem Torbogen sind die Wappen des Fürsterzbischofs Franz Anton Harrach (1709–1727) und der Stadt Tittmoning zu sehen, in dem wiederum die Landeswappen von Bayern und Salzburg den leeren Raum dekorativ füllen. Am Salzburger Tor von Laufen begrüßt uns abermals Salzburger

Heraldik, wenngleich in überraschend witziger Form. Wir erkennen das Wappen des Fürsterzbischofs Johann Ernst Thun, der diesen Turm 1701 erneuern ließ. Darüber ist das Salzburger Wappen, doch der Wappenlöwe hält sich an einem Schnörksel des Rahmens fest, um nicht herauszufallen.

Auf dem Weg nach Salzburg hatte Maria Pauer jedoch keinerlei Grund zum Lachen. Vermutlich nächtigte sie auch in Laufen in der Keuche, ehe sie das Hofgericht in Salzburg endlich in die Hände bekam. Dann aber trug sich Absurdes zu. Die Richter glaubten der offensichtlich Fabulierenden zum Beispiel den Stuss, dass ihr Schutzengel vor dem Kerkerfenster mit dem Teufel gerauft und ihm die Nase blutig geschlagen habe. Der beigezogene Chirurg fand aber an Marias Körper ein eingeschnittenes Teufelszeichen, der Amtsverteidiger legte in einem voluminösen Gutachten dar, dass Marias Flug zum Hexensabbat und Sex mit dem Teufel keineswegs Einbildung, sondern die pure Wahrheit seien.

Damit stand Salzburg nicht allein. Die Pauerin hatte nämlich behauptet, dass eine schwerkranke Näherin aus Neumarkt in Oberbayern sie mit einer verhexten Suppe verführt habe; diese Beschuldigung genügte, dass diese Frau 1749 in Landshut als Hexe enthauptet und verbrannt wurde. Der Hofrat in Salzburg verurteilte Maria Pauer zum Tod durch das Schwert und nachfolgendem Verbrennen. Erzbischof Andreas Jakob von Dietrichstein lehnte einen Gnadenakt ab. Salzburg gewann damit den Ruhm, mit einem der letzten Opfer das blutige Schlusslicht des Hexenwahns in Österreich zu bilden.

Hitlers Gruselkabinett

Start	Parkplatz Hintereck auf dem Obersalzberg (956 m)
Ziel	Teehaus auf dem Kehlstein (1837 m)
Anstieg	900 Höhenmeter
Gehzeit	2,5 Stunden (Anstieg) Rückkehr mit dem Kehlstein-Bus

Spätestens Anfang 1938 lehrte Hitlers Selbstinszenierung in seinem „Berghof" auf dem Obersalzberg die Österreicher das Gruseln. Über mehrere Stufen der Territion (Stichwort Folter, siehe Seite 204) zwang er Bundeskanzler Schuschnigg auf dem Obersalzberg zur Kapitulation. Im März 1938 annektierte Hitler Österreich. Am 25. April 1945 verwandelten 373 Flugzeuge der Alliierten mit 1232 Tonnen Bomben den Obersalzberg in einen Trümmerhaufen. Etliche Überreste von Mauern ragen heute noch aus dem Boden; und tief darunter sind einige gespenstische Abschnitte von insgesamt 5 Kilometern Luftschutzstollen und 4000 Quadratmeter luxuriösen Wohnraums begehbar. Dieses „Führergelände" zieht Massen von Besuchern an, die sich dem zarten Schauder einer der weltweit makabersten Negativ-Gedenkstätten aussetzen wollen.

Die Folgen des „Dritten Reiches" für Salzburg erreichen das Grauen der Hexenjagd. Grund genug, nochmals ein paar Kilometer über unsere Landesgrenze hinauszuschauen.

Unsere Wanderung beginnt beim Parkplatz Hintereck, wo die Busse hinauf zum Kehlstein abfahren. Wir steigen südwestwärts die kurze Zufahrt zur Straße nach Hinterbrand auf, überqueren sie, wenden uns etwas nach links und steigen in den markierten Weg OS2 ein, von dem wir nach 100 Höhenmetern scharf nach links in die Markierung OS4 abbiegen. Nach 300 Metern queren wir unter der Kehlsteinstraße hindurch und wandern auf sehr gutem Weg knapp 1 Kilometer sanft bergan, wo wir auf einen Querweg treffen, dem wir scharf nach rechts in eine breite Mulde folgen, die sich südwärts zum Kehlstein hinaufzieht. Auf Höhe 1 200 Meter endet der Wald und unser ursprünglich asphaltierter Weg entpuppt sich als einspurige Autostraße, die nach mehreren Kehren auf der Buswende neben der „Talstation" eines 150 Meter langen Lifts im Berg hinauf zum Kehlstein endet.

Diese Anlage vermittelt einen schwachen Begriff von dem horrenden Aufwand, der im 10 Quadratkilometer großen, eingezäunten und von 350 Mann der Waffen-SS bewachten „Führergelände" betrieben wurde. Dazu zählen 42,1 Kilometer Straßen in schwierigstem Gelände, zwei vorwiegend für das Personal errichtete kleine Dörfer samt Schulen und Geschäften sowie eine riesige Kinohalle für die 2 000 Bediensteten und ihre Familien, luxuriöse Häuser für die braune Prominenz, eine Kaserne samt Sporthalle und riesigem Sportfeld, unterirdische Schießanlagen, Garagen für einen großen Wagenpark, ein „Gutshof" als „Selbstversorger" für Hitler (heute Restaurant und Golfplatz) und ein aufwendiges „Gewächshaus" (heute

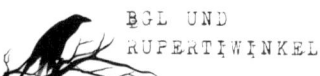

Parkplatz neben dem Hintereck). Bis Anfang 1945 arbeiteten an diesem „Führergelände" bis zu 3000 Arbeiter. Die Gesamtkosten beliefen sich bis zu diesem Zeitpunkt auf mindestens 6 Milliarden Euro (Geldwert 2018).

Von der Buskehre unter dem Gipfel nehmen wir rechts den Weg hinauf zum großartig gelegenen und teuer ausgestatteten Kehlsteinhaus (fälschlich oft „Teehaus" genannt, welches aber im Bereich des Golfplatzes stand), mit dem Hitler seine Gäste beeindruckte. Von hier überblicken wir das „Führergelände" sehr gut – und auch die Nähe des Obersalzbergs zur Salzburger Grenze: Luftlinie zwischen drei und vier Kilometer. Das spielte eine Rolle, als Hitler 1925 das idyllische „Haus Wachenfeld" erst mietete, später kaufte und dann zum protzigen „Berghof" ausbaute, dem zweiten Regierungssitz – allerdings ohne Ministerialbürokratie. Ersatz dafür bildeten Flugzeuge, die Hitler, seine Mitarbeiter und wichtige Post nach Ainring flogen, wo Hitler 1934 einen kleinen Flughafen eröffnete – auf dem heute die Häuser von Mitterfelden stehen.

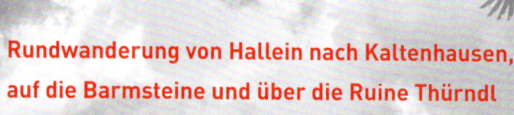

16 Ein wutentbrannter Teufel

Rundwanderung von Hallein nach Kaltenhausen, auf die Barmsteine und über die Ruine Thürndl

Gehzeit 2,5 Stunden

Wir beginnen diese Wanderung nahe dem Kornsteinplatz, dem ehemaligen Getreidemarkt in Halleins Zentrum. Rings um diesen Platz standen im 17. Jahrhundert vier Pfannhäuser, benannt nach den riesigen Pfannen, in denen die Sole aus dem Salzberg erhitzt wurde, damit das Wasser verdampfte und Salz übrig blieb.

Im Zauberer-Jackl-Prozess spielte eines dieser Pfannhäuser eine erschütternde Nebenrolle. Da gestand der 13-jährige „Zauberbub" Hans Nidermayr 1678 dem Gericht nach langem Zögern, dass er den Zauberer Jackl beim Pfannhaus in Hallein kennengelernt habe (der Bub starb später durch Erdrosseln). Gleich ihm erklärte der 10-jährige „Bettelbub" Hanerl, dass sich der Jackl häufig um das Pfannhaus herumgetrieben habe. Als der Jackl dort einmal in die Luft geflogen sei, habe ihn ein Salzmeister vergeblich zu fassen versucht. Daraufhin zitierte das Gericht gleich drei Salzarbeiter zur Zeugenaussage, doch sie hatten keine Ahnung von diesen zauberischen Vorgängen. Der Jackl spielte auch im Verfahren gegen die Bettlerfamilie

TENNENGAU

Händl eine Rolle. Das Gericht vernahm zuerst die fünf Kinder im Alter zwischen 5 und 16 Jahren, um deren Aussagen gegen die Eltern zu verwenden. Hauptpunkt der Anklage bildete Hostienschändung – für sich bereits ein todeswürdiges Verbrechen. Ein 10-jähriger Bettelbub hatte als Zeuge behauptet, er habe bei dem Pfannhaus beobachtet, wie der Zauberer Jackl dem Vater Händl ein Teufelsmal in den Fuß geschnitten und ihm beigebracht habe, wie man die Hexengeräte „Mäuse, Razzen und Mändl" macht. Händls 11-jährige Tochter Barbara erwähnte ebenfalls dieses Treffen. Mit der Zeit wuchs die Zahl derer, die ein Stelldichein mit dem Jackl beim Pfannhaus zugaben.

Damit bekam das Gericht den roten Faden in die Hand, an dem es den Weg zu den todeswürdigen Verbrechen der Zauberei und des Bündnisses mit dem Teufel fand. Unter dem

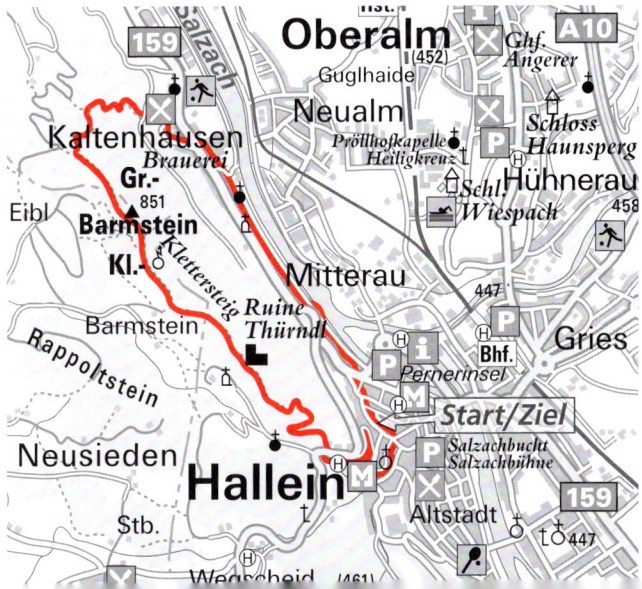

Druck solcher Aussagen gab Vater Händl schließlich zu, tatsächlich mehrfach beim Pfannhaus gewesen zu sein – aber nur, um sich zu wärmen.

Diese Antwort wirft ein grelles Licht auf die Tragödie der massenhaft umherziehenden Bettler, die im Winter in Scharen Zuflucht an der warmen Wand von Salinen suchten und dabei von den Einheimischen offen angefeindet wurden. Bettler überlebten von dürftigen Almosen und Diebstahl; sie galten als gemeingefährliches Gesindel. Diesem wurde auch die siebenköpfige Bettlerfamilie Händl zugezählt. Fünf Mitglieder der Familie wurden wegen Zauberei und Hostienschändung erdrosselt, die beiden jüngsten Kinder – 7 und 5 Jahre alt – der Obhut zweier treu christlicher Familien übergeben. Solche Einblicke in die vermeintlich „gute alte Zeit" legen sich aufs Gemüt.

Wir wandern nun nordwärts beliebig aus der Stadt und auf dem Gehsteig an der Bundesstraße Richtung Salzburg bis Kaltenhausen. Dieser Weg hoch über der Salzach bietet nämlich einen schönen Ausblick. Kaltenhausen ist ein Denkmal für die clevere Finanzpolitik der Erzbischöfe. Sie förderten diese Brauerei, die aus heimischem Rohstoff ein Volksgetränk herstellte, und bremsten durch happige Zölle den beträchtlichen Konsum von durchwegs importiertem Wein, der „Devisen" verschlang.

Wenige Meter nördlich des Bräugasthofs Kaltenhausen zweigt nach links (westwärts) der markierte Steig zu den Barmsteinen ab – etwas steil zwar, dafür gewinnt man schnell an Höhe. Den größeren österreichischen Barmstein erreichen

wir beim Einstieg in den gut gesicherten und für Umsichtige völlig gefahrlosen Steig auf den Gipfel. Wer sich diese knapp 100 Höhenmeter schenken möchte, folgt dem markierten Weg südwärts entlang der Felswand hinüber zum kleinen bayerischen Barmstein, über dessen Nordgrat der gut gesicherte Steig zum Gipfel führt. Dabei hat man immer die scharfe Schmalseite des großen Barmsteins im Blick.

Einst rätselten die Menschen über die Entstehung dieser Felsformationen und fanden als Erklärung für Unerklärliches magische Kräfte. Also glaubte man, dass die Barmsteine früher als durchgehende Wand gut 100 Meter über den Wald hinaus ragten. Auf diesem prächtigen Ausguck pflegte sich der Teufel auszuruhen und Unfug auszuhecken. Eines Tages gewahrte er bei seiner Rast eine Prozession drunten in Oberalm. Das versetzte ihn derart in Wut, dass er aus der Wand gewaltige Felsblöcke riss und ins Tal schleuderte. Weil die Prozession im Schutz des Allerheiligsten in der Monstranz weiterschritt, fuhr der tobende Teufel zur Hölle. So blieben von einer durchgehenden Wand nur mehr die zwei Barmsteine übrig.

Später wirkte das Ärgernis in umgekehrter Richtung. Die Grenze läuft zwar den Barmsteinen genau über den Scheitel, doch auf jeden führt nur ein gesicherter Steig. Jener auf den größeren (nördlichen) beginnt in Österreich, der auf den kleineren in Bayern. Deshalb musste die österreichische Polizei untätig mit ansehen, dass zwischen Hitlers Machtantritt 1933 und seinem Überfall auf Österreich 1938 auf der glatten (österreichischen!) Ostwand des Kleinen Barmsteins immer wieder riesige Hakenkreuze und Naziparolen prangten – nachts von Leuten, die sich vom Gipfel hatten abseilen lassen, dorthin gepinselt oder erneuert, sobald der Regen die Malerei abgewaschen hatte.

Nach dem genussvollen Rundblick wandern wir südostwärts auf dem markierten Alois-Oedl-Steig (beschildert mit „Arnoweg") über den bewaldeten Rücken, vorbei an den massigen Überresten der Burg Thürndl, hinunter zur Dürrnberg-Straße, auf dieser 100 Meter nach links abwärts bis zur Galerie und vor dieser nach rechts hinunter über die steile alte Dürrnberger Straße zur Pfarrkirche von Hallein.

TENNENGAU

82

Kitzelnde Hexen

17

Rundwanderung von Hallein über den Dürrnberg

Anstieg 300 Höhenmeter

Gehzeit 2 Stunden

Bei der Pfarrkirche Hallein nehmen wir eine Wanderung in Angriff, die Kulturgeschichte und Gruseln kombiniert: Südwärts auf der Ferchl-Straße über zwei Brücken, dann rechts die Schützengasse hinauf, nach 150 Metern nochmals scharf rechts über die Brücke, auf dem Knappensteig (Markierung Nr. 210) entlang der Stationen des Kreuzwegs vorbei an der Ausfahrt des Wolf-Dietrich-Stollens und nun rechts über eine Stiege etwas schärfer bergan zu einer Kapelle. Gleich hinter der Kapelle gewahren wir nach einer Linkskurve auf der linken Seite einen Stein mit einer hängenden Wanne, aus der drei Stränge zum Boden ziehen. Hier nahm einmal der Teufel Platz und hinterließ den „Teufelssitz", in dem der dicke Schweif noch stärker ausgeprägt ist als die beiden Oberschenkel.

Wir setzen den Weg auf dem Knappensteig fort, überqueren die Autostraße, passieren ein Denkmal zur Erinnerung an die Eröffnung des Johann-Jakob-Stollens (Erzbischof Kuen-Belasy von 1560 bis 1586) und steigen auf dem Lettenbichl weiter bis zum großen Parkplatz im Schatten der Wallfahrtskirche von Dürrnberg auf. Von diesem stattlichen Gotteshaus zieht sich ein bewaldeter Felskopf ostwärts. In seinem

Dickicht verbirgt er die Hexenwand, an der man einst sogar geheimnisvolle Ritzzeichen gesehen haben will. Diese Wand steht auf unzugänglichem Privatgrund und erhielt vermutlich der „Würmer" (Schlangen) wegen ihren Namen. Denn Schlangen tauchen häufig im Umfeld von Hexen auf.

Wir steigen noch hinauf zu der aus rotem Marmor erbauten Wallfahrtskirche. Dort trug sich 1573 Sensationelles zu: Bergleute hatten den „Mann im Salz" aus dem Felsen gepickelt, nach dem Bericht einer Chronik „gelb wie ein geselchter Stockfisch", und ihn neben der 1596 abgerissenen alten Kirche zur Schau gestellt. Leider begann die Mumie zu verfaulen und bestialisch zu stinken, weshalb sie in christlicher Erde zur letzten Ruhe bestattet wurde.

Dieser „Mann im Salz" war Kelte und schon an die 2000 Jahre alt. Damals hatten die Kelten auf dem Dürrnberg Salzquellen entdeckt – mehr wert als eine Goldgrube, denn ohne Salz überleben weder Menschen noch Haustiere. Augenscheinlich machten die Dürrnberger Kelten mit Salz glänzende Geschäfte; sie leisteten sich nämlich künstlerisch höchstwertige Geräte und Schmuckstücke. Ein Beispiel dafür ist die großartige bronzene Schnabelkanne im Halleiner Keltenmuseum. Und weil wir schon auf dem Dürrnberg sind, wandern wir noch durch das Keltendorf, eine sehenswerte Rekonstruktion, und über den Keltenlehrpfad. Von besonderem Interesse für uns ist, dass sich auch die Kelten mit überirdischen Kräften gutzustellen trachteten. Ihre Priester, die Druiden, brachten zu diesem Zweck ihren drei wichtigsten Göttern Menschenopfer in grausamen Riten dar: Gewaltsames Ertränken in einem Wasserzuber, lebendig Verbrennen in einem Holzkäfig und Zerreißen des Körpers, indem Arme und Beine an zurückgebogene Äste gebunden und diese dann losgelassen wurden. Folgerichtig hatten die Druiden den höchsten sozialen Rang; doch die spärliche Überlieferung durch die Römer machte sie zu unheimlichen Wesen, denen man Zauberkräfte zutraute.

Wir machen uns jetzt auf den Rückweg, folgen abermals dem Knappensteig talwärts bis zu einer ebenen Wiese, auf der wir nach links in den Johann-Jakob-Weg (Erzbischof) einbiegen, der bei einer Häusergruppe in den alten Weg auf den Dürrnberg einmündet. Dieser Weg fällt sogleich steil bis zu einer Brücke ab. Etwa 10 Meter davor sehen wir links im schmalen Bach einen Stein, der einer Schüssel gleicht. Der Volksmund nennt das den „Teufelsfuß“. Ehe wir die neue Straße auf den Dürrnberg erreichen, zwängt sich die alte Straße durch eine Felsbarriere – „Hexenstein“ genannt. Seine Formation spräche genauso wie die Hexenwand für den Verdacht, dass Zauberer, Hexen und Teufel hier ihre Orgien trieben.

Jetzt folgen wir 500 Meter weit der Straße talwärts bis zu einer Galerie, vor der uns ein Pfeil nach rechts auf den Fußweg nach Hallein weist.

Werwölfe

18

Start	Gaißau, Parkplatz an der Abzweigung des Sträßchens zur Spielbergalm
Ziel	Ochsenberg (1 483 m)
Anstieg	800 Höhenmeter
Gehzeit	2 Stunden

Wir beginnen diese Wanderung 1 Kilometer nördlich von Gaißau auf einem Parkplatz an der Abzweigung des Sträßchens zur Spielbergalm. Auf diesem Sträßchen wandern wir ostwärts über das schöne Bauernland am Abhang des Spielbergs knapp 2 Kilometer und gut 300 Höhenmeter bis zum Mautschranken. Kurz dahinter zweigt nach links der Güterweg (Markierung Nr. 11) zur Eibleckalm ab, die schon vom Tal aus ins Auge sticht. Dieser eher selten begangene Weg führt erst durch hochstämmigen Wald, dann über die Weiden der Eibleckalm und schließlich auf den unscheinbaren Gipfel, der nach Norden scharf abbricht.

Versetzen wir uns zurück in das Jahr 1945: Auf das Eibleck führte noch kein markierter Weg, denn dieser Berg und die Gaißau lagen am Ende der Salzburger Welt: Faistenau, Ebenau und Koppl waren winzige Dörfer rings um die Kirche; entlang der Strubklamm und dem Wiestalstausee führten Karrenwege, über die kaum je ein Auto holperte; sonst ringsum beinahe endlos weit Wald und Einsamkeit.

In den Wochen vor und nach der deutschen Kapitulation am 8. Mai 1945 hielten sich hartnäckig Gerüchte, dass sich Teile der Waffen-SS in „Werwölfe" aufsplittern und in das schwer zugängliche und unübersichtliche Gelände zwischen Oberalm und Wolfgangsee zurückziehen würden. Von dort aus unternähmen dann diese Einzelkämpfer nach dem Vorbild von Partisanen so lange überraschende Angriffe auf die US-Truppen, bis sich diese aus dem Land zurückziehen würden.

Nicht wenige Leute glaubten diese Räuber-und-Gendarm-Geschichten, weil SS-Führer Heinrich Himmler aus germanischer Mythologie und Okkultismus eine Art Programm für diese Werwölfe gemixt hatte. Und sogar die

Amerikaner überschätzten diese Werwölfe so sehr wie die vermeintliche Alpenfestung Hitlers in Berchtesgaden.

Jedenfalls löste die Vorstellung „Werwolf" Unbehagen aus. Die Silbe „Wer" bedeutet althochdeutsch „Mann", der sich in einen reißenden Wolf verwandeln kann, weil er in einem Pakt mit dem Teufel den dafür nötigen Gürtel aus Wolfsfell bekam. Diese altertümlichen Einzelkämpfer gegen Fremdherrschaft tauchten hierzulande auch schon nach den großen Wellen der Hexenvernichtung wieder auf.

So gestand 1635 der bayerische Landstreicher Blasius Pühringer nach seiner Festnahme in Aussee das „Wolfschicken". Zuletzt seien in Salzburg drei Menschen mit der Zauberformel „Gehts hin in aller tausend Teufel Namen, dass euch kein

Kugel schadt" in Wölfe verwandelt und in die Steiermark geschickt worden, damit sie Vieh reißen. Den „Wolfbann" löse der heilige Petrus, dem Jesus die Macht gegeben hatte, Werwölfe wieder in Menschen zu verwandeln. Diese Schauergeschichte dürfte Pühringer den Kopf gekostet haben.

In Moosham wurden 1717 zwei Lungauer „Werwölfe" zum Tod verurteilt. Sie hatten gestanden, dass ihnen der Teufel eine schwarze Salbe gegeben habe, mit der sie sich in Wölfe verwandelt und Vieh gerissen hätten. Doch das Hofgericht begnadigte die beiden zurückverwandelten „Werwölfe" vom Erdrosseln zur Galeerenstrafe in der venezianischen Flotte.

Ein halbes Jahrhundert nach dem Zweiten Weltkrieg bedrohen den Wanderer in den einsamen Bergfalten der Osterhorngruppe keine Werwölfe mehr, allenfalls noch Kreuzottern, weshalb wir unbeschwert den Heimweg antreten.

TENNENGAU

Hexenhammer

Die deutschen Dominikaner, Theologieprofessoren und Päpstlichen Inquisitoren Heinrich Krämer und Jakob Sprenger veröffentlichten 1487 das Standardwerk der Hexenjagd, den „Hexenhammer". Beide hatten beträchtlichen Anteil an der Formulierung der Hexenbulle des Papst Innozenz VIII. Dieses 1485 veröffentlichte Dokument gestattet die Hexeninquisition in Deutschland.

Der Hexenhammer sieht in der Hexerei eine Verschwörung gegen die christliche Gesellschaft, wodurch riesige Schäden entstehen könnten.

Ausgestattet mit der Approbation der theologischen Fakultät Köln durchtränkte der Hexenhammer sehr bald die kirchliche und weltliche Gerichtsbarkeit. Allgemein leuchtete die Forderung ein, dass die Tortur gegen Zauberer so lange fortzusetzen sei, bis der Delinquent seine Schuld bekennt. Dann sei er „dem weltlichen Arm zu übergeben, dass er die Todesstrafe vollzieht". Leugnet der Delinquent jedoch beharrlich, so werfe ihn der Richter „in den schmutzigsten Kerker, dauere es nun Jahre."

Teil 1 des Hexenhammers behandelt Hexerei, Teufelsbuhl-schaft, Schadenszauber und zauberische Hebammen.

Teil 2 erklärt, wie man sich gegen Hexerei schützt. Durch Vermittlung der Hexen bewirke der Teufel den Verlust irdischer Güter, des Glaubens und der Gnade Gottes sowie der ewigen Seligkeit. Auf der höchsten Rangstufe der Hexen stehen jene, die Kinder verspeisen und durch Hilfe des Teufels gegen schärfste Tortur unempfindlich bleiben.

Teil 3 beschreibt das Verfahren. Wer sich mit dem Teufel einlässt, ist Ketzer und untersteht der kirchlichen Gerichtsbarkeit, in die sich weder weltliche Macht noch Bischöfe einzumischen hätten. Der Richter muss einen Prozess einleiten, sobald er (auch anonym) von Hexerei erfährt.

Bei der Verhaftung seien die Verdächtigen vom Boden zu heben, denn ohne Berührung der Erde könnten sie ihre Hexenkünste nicht zur Befreiung nützen. Zwar sei ein Anwalt dem Angeklagten nicht zu verwehren, verteidige er aber seinen Klienten über Gebühr, müsse man ihn für noch schuldiger als diesen halten.

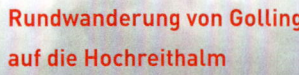

Die Anfänge des
Zauberer Jackl

19

**Rundwanderung von Golling
auf die Hochreithalm**

Start Burg Golling

Anstieg 500 Höhenmeter

Gehzeit insgesamt 3 Stunden

Ehe wir uns auf den Weg machen, sehen wir uns die Burg Golling näher an. Hier residierte früher der Pfleger und hier begann 1675 auch die beispiellose Zauberer-Jackl-Hysterie mit der Festnahme der 50-jährigen Abdeckerwitwe und Bettlerin Barbara Koller wegen zahlreicher Opferstockdiebstähle in den Kirchen zwischen Scheffau und Vigaun. Die Behörden und etliche Zeugen beschrieben die Kollerin als resolut und bösartig, verwahrlost und sehr mager, ungemein diebisch, aggressiv und scharfzüngig. Das Volk fürchtete sie und ihren „gefrorenen" (durch Zauber unverwundbar gemachten) Hund. Dem Pfleger fiel auf, dass hinter dieser Frau mehr steckte, als der äußere Anschein zeigte, denn sie hatte in der Keuche Schloss und Handschellen auf unerklärliche Weise geöffnet. Und eine Magd des Pflegers hatte beobachtet, dass der Teufel die Kollerin in Gestalt eines Hasen oder Affen begleitete. Außerdem legte sie sich abends völlig nackt ins Bett.

Ihre bis heute reichende Prominenz verdankte diese vom Elend der Zeit so offensichtlich gezeichnete Frau schließlich ihrem Sohn Jakob, dem berüchtigten Zauberer Jackl. Ihn beschuldigte die Kollerin im Verhör des Opferstockdiebstahls und der Zauberei, worauf der Pfleger nach ihm fahnden ließ und eine „Deskription" in die benachbarten Pfleggerichte aussandte. Wie tief der Hexenwahn saß, bezeugt die Anweisung des Salzburger Hofrats, Razzien nur zwischen 11 und 12 Uhr Mittag vorzunehmen, weil sich der Jackl nur zu dieser Tageszeit nicht unsichtbar machen konnte. Als offensichtlich großer Fisch wurde die Kollerin dann dem Hofrat in Salzburg überstellt.

Von der Burg wandern wir nun auf der Hauptstraße an die 200 Meter nordwärts und schwenken dort nach rechts (ostwärts) in den markierten Weg Nr. 22a ein, der am idyllischen Egelsee rechts vorbei und dann leicht ansteigend zum Wirtshaus St. Anton weist. Nun nach der Markierung Nr. 21 noch 500 Meter weit bis zum Mitterbach in der Hinterkellau. Hier biegen wir nach rechts auf die Nr. 44 ab, halten uns parallel zum Bach und gelangen nach 1,5 Kilometern zu einer Gabelung, an der wir den links (nordwärts) bergan führenden Weg Nr. 45 einschlagen. Dieser endet nach gut 250 Höhenmetern an der Straße auf der eindrucksvollen Hochfläche von Moosegg. Wir überqueren die Straße und folgen der Markierung Nr. 10 knapp 1 Kilometer weit zum prachtvoll gelegenen Wirtshaus Hochreithalm. Etwa 200 Meter weiter westwärts gewinnen wir einen guten Überblick über das Salzachtal und die Tatorte der Barbara Koller.

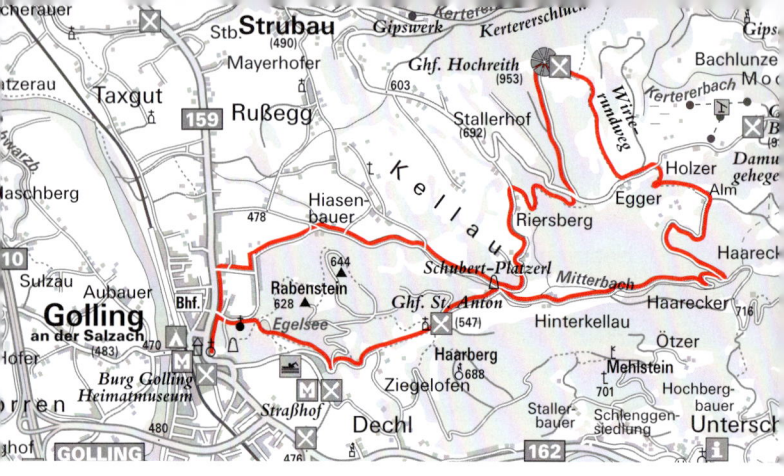

Den Mesnern der Kirchen von Golling, Scheffau, St. Koloman, Vigaun und St. Margarethen war 1674 aufgefallen, dass die Opferstöcke im Vergleich zu den Vorjahren empfindlich weniger enthielten. In den Opferstöcken fanden sie Spuren von Vogelleim, der auf systematischen Diebstahl verwies. Die Diebe bestrichen nämlich dünne Gerten mit Vogelleim und fischten damit durch den Schlitz der Opferstöcke Münzen heraus. Später kam bei den Verhören zutage, dass der Jackl mit einem Komplizen das Geld aus den Opferstöcken angelte, derweil die Kollerin vor der Kirche Schmiere stand.

Wiewohl Diebstahl bereits ein todeswürdiges Verbrechen war – höchst alarmiert reagierten die Behörden erst, als die Kollerin auch Schadenszauberei gestand und somit erst richtig in die Mangel genommen wurde. An den hinter dem Rücken gebundenen Armen aufgezogen und mit 20 Kilo Gewicht an den Beinen zusätzlich beschwert, gestand sie in Salzburg, in die Gegend von Golling ein zweistündiges Gewitter gezaubert zu haben, das Korn, Kraut und Weizen großteils vernichtet hätte. Der Pfleger bestätigte auf Anfrage, dass zum angegebenen Zeitpunkt tatsächlich ein zweistündiges Gewitter an den Feldfrüchten schweren Schaden angerichtet habe.

Wie konnten da hochgebildete Männer, denen die physikalischen Ursachen von Gewittern unbekannt waren, noch an Zauberei zweifeln? Oder mussten sie annehmen, dass die Kollerin das Gewitter erlebt hatte und nun für sich auslegte? Sie kannten den Tatbestand und das erfolterte Geständnis der Täterin. Und diese gestand geradezu massenhaften Wetterzauber in Kärnten, im Tennengau und im Lungau mit einem amtlich auf rund 100 000 Euro (Geldwert 2018) geschätzten Gesamtschaden. Und bei allen diesen Schandtaten war der damals etwa 20-jährige Jackl mit von der Partie.

Wir verlassen nun den herrlichen Ausguck, wandern auf der Straße südwärts (Markierung Nr. 10) rund 700 Meter weit, biegen nach rechts in die Straße nach Golling ein, zweigen aber vor der nächsten Kehre scharf nach links (südwärts) in den mit Nr. 22 markierten Weg ein, der uns erst hinunter in die Hinterkellau und dann westwärts am Mitterbach entlang wieder zurück nach Golling führt.

20 Das Schicksal der Barbara Koller

Rundwanderung von Kuchl über den Oberlangenberg (St. Koloman)

Strecke   10 km

Anstieg   350 Höhenmeter

Gehzeit   3 Stunden

Wir starten in Kuchl bei der Bushaltestelle an der Bundes-straße, folgen ostwärts der Markierung Nr. 2 bis hart an den Georgenberg, drehen dort 500 Meter weit nordwärts ab in den Unterlangenberg und schwenken nach rechts (ostwärts) auf den mit Nr. 18 markierten Weg ein, der uns an den bewal-deten Abhang des Außerbühels führt.

Am Unterlangenberg gab ein Bauer dem Zauberer Jackl Her-berge, nicht aber seiner Mutter, ihrem bettelnden Beglei-ter und ihrem Hund. Deshalb kündigte die Kollerin an, dass sie den Bauern „löz" (unwohl) machen wolle. Tatsächlich er-krankte der Bauer angeblich an verzaubertem Essen und Ge-tränk und starb dreieinhalb Wochen später.

Ein anderer Bauer von Unterlangenberg gab zu Protokoll, dass die Kollerin heftig um Almosen gebettelt habe und ein derart böses Weib sei, dass alle Leute sie fürchten. Seinem Kind habe sie das Koch einfach vom Tisch weggegessen.

Ein andermal begehrte sie von einem Bauern Krapfen für sich und die zwei Buben in ihrer Begleitung. Sie erhielt drei Stück, doch das war ihr zu wenig. Und weil sie nicht mehr bekam, zog sie mit der Drohung ab, das Haus anzuzünden. Wenig später erkrankte der dreijährige Sohn des Bauern und starb.

Aberglaube, Geister- und Hexenfurcht, Analphabetentum und beständige Sorge um die Ernte – welch ein Nährboden für Ängste, mit denen die Kollerin meisterhaft spielte.

Wir wandern nun nach der Markierung Nr. 18 hinauf durch den Wald nach Unterschorn, halten uns sowohl an der ersten Gabelung auf dem prächtigen Höhenrücken und dann an der nächsten bei einer Kapelle rechts (südwärts) auf den Oberlangenberg zu. Links fällt die Taugl sanft ab in die steile Schlucht, durch die sich der gleichnamige Fluss in Jahrmillionen einen Durchbruch gefressen hat.

Auch hier heroben richtete die Kollerin Unheil an – in den Seelen naiver Menschen, wenn wir die Angelkünste im Opferstock von St. Koloman außer Betracht lassen.

In Taugl klagte ein Bauer, dass seine Kühe nicht mehr kalbten, abnähmen und reihenweise tot umfielen. Im Türstock zum Stall habe er in einem Tuchfetzen braunes Stupp (Zauberpulver) gefunden. Die Kollerin gestand unter Folter, dass sie in Taugl etliche Haustiere durch Ausstreuen von Stupp verzaubert und getötet habe. Überhaupt habe sie in der ganzen Gegend das Vieh von fünf Bauern und zudem zehn Personen durch Unterstreuen von Stupp krankgezaubert – als Rache dafür, dass man ihr Brot, Schmalz und Strümpfe verweigert habe.

TENNENGAU

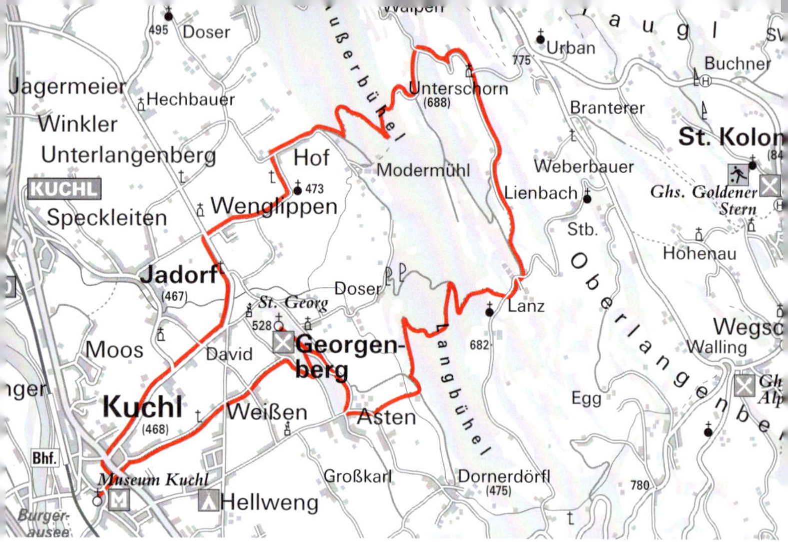

Auf dem Oberlangenberg erreichen wir nach rund 1,5 Kilometern aussichtsreicher Wanderung in Lanz eine Wegkreuzung, an der wir den Weg Nr. 18 nach rechts talwärts einschlagen. Auf dem Rückweg nach Kuchl zweigen wir nach rechts auf den Georgenberg ab, wo wir das Schicksal der Barbara Koller zu Ende verfolgen wollen. In Salzburg bekannte sie unter Folter, sie habe vor 12 Jahren Gott, allen Heiligen und dem christlichen Glauben abgeschworen, vom Teufel eine Taufe empfangen, Hostien geschändet, den Teufel angebetet und mit ihm sogar noch in der Keuche in Salzburg Unzucht getrieben.

Am 6. August 1675 vollstreckte der Henker in Salzburg das Todesurteil an der Kollerin: Erdrosseln und anschließend Verbrennen, zuvor aber noch ein „Zwick" mit glühender Zange in die Brust. Zwei Zangenzwicke hatte ihr der Erzbischof gnadenhalber erlassen.

Auf dem Weg Nr. 2 zurück nach Kuchl können wir anderer Schandtaten in der Gegend von Golling und Kuchl gedenken. Etliche „Zauberbuben" hatten angegeben, mit dem Jackl die Kreuze und Bildstöcke am Wegesrand verunehrt, Bilder von Heiligen und Christus am Kreuz mit Kot beschmiert und Madonnenbilder mit wüsten Schimpforgien geschmäht oder mit Steinen und Knüppeln beschädigt zu haben. Viele von ihnen ereilte ein ähnlich grausames Schicksal wie das der Kollerin.

Foltermethode des Hochziehens an den hinter dem Rücken gebundenen Armen (aus Constitutio Criminalis Theresiana 1768).

21

Wer den Wind anbläst

Wanderung auf den Schlenken,
stabile Wanderschuhe erforderlich

Start Krispl (927 m)

Ziel Schlenken (1 649 m),

Anstieg gut 700 Höhenmeter

Gehzeit 2,5 Stunden

Der mit Nr. 1 markierte Weg von Krispl südwärts nach Zillreith bietet einen Augenschmaus an Panorama vom Tennengebirge über den Watzmann bis weit in das Flachland hinaus. Von Zillreith folgen wir dem markierten Weg Nr. 840 vorbei an der Halleiner Hütte und durch ein Waldstück, in dem ein Hans-Guck-in-die-Luft leicht über Wurzeln stolpert. Auf der Formau zweigen wir links ab und steigen durch Wald und einen Schlag bergan, auf dem der Unaufmerksame sich wiederum zahlreiche Kratzer von Brombeerranken einfangen kann. Im Anstieg zur Jaga-Nase stellen uns viele Wurzeln gerne ein Bein, ehe wir den letzten Aufschwung zum Schlenken schaffen. Auf dem Gipfel regen uns die Wurzeln und dornigen Sträucher vom Anstieg zur Rückreise in eine ferne Vergangenheit an, als die Menschen noch nicht zu erklären wussten, wie der Wind entsteht, der uns auf dem Gipfel angenehm kühlt.

Diese Unwissenheit nutzte ein neckischer Geist in der weiteren Umgebung von Hallein zu einem beängstigenden Spielchen.

Es war der „Putzgauch", ein verwachsenes Männchen in grünem Gewand und mit einer Gerte in der Hand. Bald trat dieser Putzgauch als winziges Zwerglein in Erscheinung, bald als zaundürrer Riese. Doch immer trachtete er danach, die Menschen zu hänseln und zu erschrecken. Wenn Kinder im Wald spielten, fuhr der Putzgauch als jäher Windstoß durch die Zweige und knickte dabei Äste. Wenn dann die Kinder heimwärts flüchteten, bäumten sich auf dem Weg Wurzeln auf, über die sie stolperten. Vom Wegesrand her aber neigten sich Nesseln und

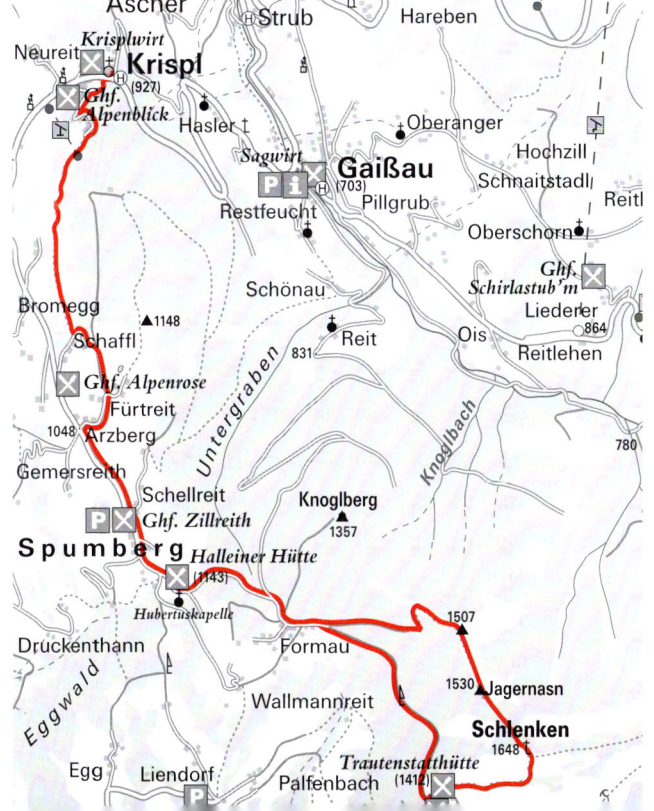

Dorngesträuch den Kindern in den Lauf, dass sie sich zerkratzten und stürzten. Außerhalb des Waldes konnte der Putzgauch den Kindern nichts anhaben. So blieb er am Waldrand stehen und freute sich, wenn sie erschreckt davonrannten.

Dieser sonderbare Geist, der weder großen Schaden anrichtet noch Gutes tut, ist eine Ausnahme in der Welt der Geister und Gespenster. Er befriedigt aber offensichtlich das Bedürfnis, die Ursache von Gestolper und plötzlichem Wind zu erklären.

Da wir jedoch diese Ursachen kennen und das Stolpern unserer Unaufmerksamkeit anlasten, sollte uns der Rückweg (Markierung Nr. 304) über den riesigen Gipfelhang hinunter zur Schlenkenalm und dann nordwestwärts über Zillreith zurück nach Krispl keine Probleme bereiten.

Fantastische Absurditäten

22

Start	St. Johann im Pongau
Ziel	Hahnbaumalm (1 122 m)
Anstieg	500 Höhenmeter
Gehzeit	1,5 Stunden

Diese Wanderung beginnt bei der Pfarrkirche in St. Johann und folgt der Markierung Nr. 4 ostwärts zwischen Friedhof und Tankstelle hindurch erst über eine Treppe auf eine Terrasse, dann über Felder am Lift entlang, über den Arzenbach nach Zacherlegg, südwärts weiter und schließlich durch den Wald zum Ziel. Von hier überblicken wir gut die Wiesen und Höfe auf dem breiten Abhang herauf von St. Johann.

In einem dieser Höfe spielte sich die abenteuerliche Geschichte ab, die der 16-jährige Bettler Christan Fleiß aus Gastein im März 1678 dem Landrichter von St. Johann beichtete. Fleiß war wegen Zauberei verhaftet und in der Keuche von St. Johann in die Mangel genommen worden. Da schilderte er, dass er mit dem Jackl bei einem Bauern oberhalb von St. Johann eingekehrt sei, der ihnen Milch serviert und ein gutes Mus gekocht habe. Während sie aßen, habe der Bauer unbemerkt die Obrigkeit alarmiert und alsbald hätten 100 Bewaffnete das Haus umstellt. Aber der Jackl habe die Tür geöffnet und sich

unsichtbar gemacht. Nach einstündiger vergeblicher Suche sei die Hundertschaft wieder abgerückt und der Jackl wieder sichtbar geworden. Er habe das Mus aufgegessen und den verräterischen Bauern bestraft: Sein Vieh lag tot im Stall.

Der Bursche berichtete auch, dass der Jackl ein paar Tage in Salzburg gewesen sei. Er habe sich unsichtbar gemacht und sei die meiste Zeit bei Hofe und im Hofrat herumgeschlendert, um dem Erzbischof, den Richtern und den Folterknechten bei ihrer Arbeit zuzuschauen.

Zwei Monate nach seiner Festnahme wurde Fleiß in Salzburg wegen Zauberei und Bündnisses mit dem Teufel erdrosselt.

Gruselgeschichten dieses Musters ergriffen wie Lauffeuer das ganze Land; kein Wunder, dass die Bevölkerung davor zurückschreckte, den Jackl zu jagen; sie fürchtete seine Rache. Dass er die Macht dazu besaß, belegt die Aussage seines anderen Zeugen, die ebenfalls von Mund zu Mund ging.

Der Jackl lehrte nämlich seine Anhänger das Wettermachen. Den vom Teufel Gezeichneten genügte bereits, auf dem blanken Boden mit den Händen herumzuwischen und schon krachte das

Gewitter. Das gleiche Ergebnis erzielte eine Frau, die mit einem Besen, den ihr der Teufel geschenkt hatte, den Boden kehrte. Ein Zauberbub zeichnete einen Kreis in den Boden, stellte sich mit dem linken Bein innen und dem rechten außen, hob die Hände und „wünschte" ein Gewitter – und schon brach es los. Ein anderer besaß einen verteufelten Würfel, und wenn er ihn rollen ließ, blitzte es auch schon. Und ein dritter Zauberbub warf eine vom Teufel zugesteckte Kugel in die Luft, sagte tausend Mal „Sakra" und sogleich zog das Gewitter auf. Einer verriet sogar die Formel, mit der er Gewitter wieder abstellte: „Casera mossa, casera mossa, balatschi." Das klingt für das Landvolk eindrucksvoll „ausländisch", ist aber unsinnig. Denn casera ist altertümlich italienisch für Käserei oder Kaser (= bayerisch für Alm), mossa soll „bewegt" heißen und balatschi ist ein Fantasiewort.

Derart groteske Gruselgeschichten schlugen wie Blitze ein, denn das Wettermachen traf den Lebensnerv der bäuerlichen Bevölkerung. Wer Unwetter macht, vernichtet die Ernte und darauf folgen Hunger und Tod.

Beim Abstieg folgen wir der Markierung Nr. 3 nordwärts nach Schuhzach. Von hier wandern wir auf der Straße (Nr. 3) wieder zurück nach St. Johann. Und wir können uns während des Rückwegs vielleicht wundern, dass ein Drittel der Österreicher noch zweieinhalb Jahrhunderte nach der Aufklärung ihr Leben nach astrologischen Ratgebern ausrichten, obwohl sie wissenschaftlich unhaltbar sind und sogar einander widersprechen. Wen Ängste plagen, der glaubt eben gerne das, was ihm Erleichterung zu verschaffen verspricht.

PONGAU

23

Notfalls unsichtbar

Radrundfahrt über Großarl

Start und Ziel Bahnhof St. Johann im Pongau
Gesamtstrecke 31 km und 400 Höhenmeter

Vom Bahnhof St. Johann radeln wir südwärts bis zur Salzachbrücke, überqueren den Fluss und folgen den Straßenschildern „Großarl" über den Wagrainer Bach. Nach einem halben Kilometer beginnt der Anstieg, der sich durch den Neubau der Großarler Landstraße gleichmäßig bei 5 Prozent hält. Nach einem Waldstück passieren wir das neue Alpendorf und strampeln nun noch kräftig durch die Steilflanke des Gernkogels bis zu einer scharfen Linkskurve, an der wir fast den höchsten Punkt erreicht haben.

Westseitig bricht der Berg fast senkrecht in die Liechtensteinklamm ab. Doch die auf doppelte Breite ausgebaute und um viele kleine Kurven begradigte Straße lässt nicht einmal mehr erahnen, zu welcher Nervenprobe sich die nächsten zwei Kilometer bis in die 1980er-Jahre herauf für städtische Autofahrer auswachsen konnten. Einen vagen Begriff davon vermittelt noch die alte Trasse durch den Stegbachgraben (zwischen Tunnel und „alter Wacht"), den heute eine Brücke überspannt. In der „alten Wacht" besorgte einst ein Bewaffneter die Kontrolle des Handels, um unter anderem sicherzustellen, dass die Großarler nicht Lebensmittel exportierten und somit an das

Hungertuch gerieten. Hier war auch ein Zoll zu entrichten, der vorwiegend in den Erhalt des Fahrweges gesteckt wurde. Ab der Wacht rollen wir bis Au sanft bergab, und dann sind es nur mehr 5 km bis Großarl.

Hier löste die Festnahme des 12-jährigen Bettelbuben Dionysus Feldner im Mai 1677 eine wahre Zauberer-Jackl-Hysterie aus. Der Bursche war anonym des Schadenszaubers beschuldigt und daraufhin festgenommen worden. Im Verhör durch den Großarler Amtsrichter gab er zu, dass er soeben drei Wochen beim Zauberer Jackl verbracht habe. Ob dieser Nachricht fiel der Hofrat in Salzburg aus allen Wolken, war doch der Jackl angeblich gerade in St. Wolfgang gestorben. Feldner beschrieb den Jackl genau: Groß, schlank mit lichtem langem und glattem Haar, das etwas aufgedreht sei. Er trage ein lichtes Bärtchen, sei sonnengebräunt, gar nicht grob, sondern recht fein, habe eine krumme Nase, trage einen gegupften runden Hut mit Stulpe, silbernem Schnürchen und rotseidenen Band rundum. Meist kleide sich der Jackl in einen silberfarbenen Rock aus Tuch und eine dunkelbraune Hose, oft gehe er aber ohne Socken und Schuhe. Diesen Jackl erwische niemand, weil er sich notfalls unsichtbar machen könne. Trotzdem habe er sich nicht nach Großarl getraut, weil er den wachsamen Gerichtsdiener fürchte.

Feldners Beschreibung widersprach freilich drei anderen Zeugenaussagen, in denen einmal von rotem und dann wieder von schwarzem Haar zu einer Zeit die Rede ist, da die Kunst des Haarefärbens allenfalls an Fürstenhöfen üblich war.

PONGAU

Der aufgeschreckte Hofrat in Salzburg schickte einen Gerichtsdiener mit Spesenpauschale von einem halben Gulden pro Tag (Geldwert 2018 etwa 45 Euro) als Detektiv nach Großarl und verdoppelte das Kopfgeld auf den Jackl auf umgerechnet 8 000 Euro. In weiteren Verhören berichtete Feldner, dass der Jackl in Golling ein „schwangeres Mensch" habe, sich aber nachts meist in Abtenau aufhalte. Der vom Hofrat alarmierte Pfleger in Golling konnte aber dieses „Mensch" nicht auftreiben.

Schließlich wurde der schon wegen Zauberei angeklagte Bursche zum Kriminalprozess nach Salzburg überstellt. Die genaue Untersuchung des Buben ergab, dass er vom Jackl am Bein durch einen Schnitt mit dem Messer „gemärkt" worden war. Das „bewies" einen Blutspakt mit dem Teufel ähnlich dem Brandmal, das der Bauer seinem Vieh beibringt.

Just zu diesem Zeitpunkt platzte wieder eine Bombe. Das Pfleggericht Hüttenstein (St. Gilgen) meldete nämlich nach Salzburg, dass der jüngst in St. Wolfgang verstorbene Bettelbub nicht der Zauberer Jackl gewesen war. Dieser musste also noch irgendwo leben.

Um Dionysus Feldner war es allerdings geschehen. Der Hofrat entschied, dass er trotz seiner Jugend wegen „horrender Delikte" – Schadenszauber und Teufelsbündnis – nicht von der Todesstrafe zu verschonen sei. Er erlitt im September 1677 auf dem Hochgericht nahe dem Kommunalfriedhof die am schnellsten wirkende Hinrichtung: öffentliche Enthauptung und Verbrennung des Leichnams, damit die Flammen alles

Zauberische und Hexerische vernichteten. Dieses erste Opfer der Zauberer-Jackl-Jagd löste eine Lawine des Elends aus. Gerüchte stachelten eine hektische Suche an. Jackl wurde als „Zauberer- und Hexenmeister und Verführer der Jugend" für „vogelfrey" erklärt. Das mittlerweile auf den Gegenwert von 100 Kühen verzwanzigfachte Kopfgeld auf den Jackl machten Boten zu Trommelwirbel in jedem Dorf bekannt. Die Obrigkeit gab aber zu bedenken, dass der Jackl ein schwarzes Kappl trage, das ihn unsichtbar mache – ausgenommen von 11 bis 12 Uhr, da sei er am leichtesten zu fassen.

So gewaltig nun auch die Hysterie, so gering die Neigung des allgemein höchst abergläubischen Volkes, sich der Rache eines Zauber- und Hexenmeisters auszusetzen.

Als Lohn für die anstrengende Fahrt nach Großarl winkt uns nun nach kurzem Anstieg in Au eine flotte Abfahrt in das Salzachtal. Am Schluss radeln wir zum Bahnhof St. Johann.

Teufelsbündnis

Nach der christlichen Lehre ist Gott umgeben von guten Geistern, den Engeln, von denen je einer den besonderen Schutz eines Menschen übernimmt. Einige Engel fielen jedoch aus Hochmut von Gott ab und wurden als Teufel in die Hölle verbannt. Diese bösen Geister versuchen, möglichst viele Menschen durch großartige Versprechen Gott abspenstig zu machen – um den Preis ewiger Höllenqualen.

Schadenszauber und Hexerei gibt es ohne die Hilfe außerirdischer Kräfte nicht. Diese Kraft ist der Teufel, dessen Wesen und Wirken Unerklärliches erklärlich macht.

Der Teufel lockt vor allem sehr arme und zurückgesetzte Menschen mit Begehrenswertem in seine Dienste; mit Geld, Schutz, reichlichem Essen und Trinken. In einem Bündnis mit dem Teufel schwört der Mensch Gott ab und unterwirft sich auf einem Hexensabbat einer neuerlichen Taufe, die der Teufel mit Wasser, Blut oder Urin vollzieht. Außerdem schneidet er seinen Jüngern das „Stigma diabolicum" ein – als Symbol des Eigentumsrechts wie ein Brandmal beim Vieh. Dieses Stigma hält sich als Hautfleck oder Narbe und dient den „Gezeichneten" zur Erkennung. Sticht man in dieses Stigma mit einer Nadel, so schmerzt oder blutet es nicht.

Das Bündnis mit dem Teufel setzte Hexerei mit Ketzerei gleich. Deshalb wurde gegen Zauberer und Hexen die Prozessordnung der Inquisition angewandt. Für den Salzburger Fürsterzbischof als zugleich kirchlichen und weltlichen Landesherrn warf diese Prozessordnung keine Probleme auf.

Die scholastische Theologie des Mittelalters stellte den Teufel und die Hölle sehr drastisch dar – die Gemälde Matthias Grünewalds vermitteln das nachdrücklich. Deshalb gab Papst Johannes Paul II. am 28. Juli 1999 eine auch für den Hexenwahn bemerkenswerte Klarstellung: Die Hölle ist eher als Zustand denn als Ort zu verstehen. Sie ist eine reale Möglichkeit und mit ewiger Verdammnis verbunden. Theologisch ist sie die letzte Konsequenz der Sünde, vergleichbar einem Zustand des Unglücks. Verdammnis ist die vom Menschen frei gewählte „endgültige Entfernung von Gott".

24

Delinquenten auf dem Weg

Start	Bischofshofen
Ziel	Werfen
Strecke	8 km
Gehzeit	2 Stunden

Weil Autobahn und Schnellstraße sehr viel Verkehr von Bischofshofen und der Bundesstraße 159 abziehen, lassen wir uns im Nahbereich dieser Straße auf eine besonders aufschlussreiche Wanderung ein. Der Vorvorgänger dieser Straße war nämlich ein elender Karrenweg, auf dem Schadenszauberer, Teufelsbuhlen und Hexen aus den Gebirgstälern nach Salzburg transportiert wurden.

Wir wandern neben der Bundesstraße aus Bischofshofen nordwärts hinaus und gelangen dort, wo die Bundesstraße 99 ostwärts über die Salzach Richtung Radstadt abzweigt, an eine Engstelle, die einst aller Karren-, Reit- und Fußverkehr passieren musste.

Irgendwo auf diesem Wegstück geschah am 21. April 1679 ein grässlicher Unfall. Der Gerichtsdiener Benedikt Frech hatte den „Bettelbuben" Jakob Trippacher wegen Schadenszaubers von Mittersill an das hohe Gericht in Salzburg zu überstellen. Frech ritt auf einem Pferd, der an den Händen gefesselte Trippacher trottete meist an einem Seil hinterher, durfte aber oft auch vor Frech auf dem Pferd Platz nehmen – gefesselt und an das Zaumzeug gebunden, versteht sich. In Bischofshofen löschte Frech seinen Durst mit annähernd 2 Litern Bier, die ihm stark zu Kopf stiegen.

Außerhalb von Bischofshofen ließ Frech den gefesselten „Bettelbuben" auf das Pferd steigen und band ihn am Sattelgurt fest. Dann wollte er selbst aufsitzen, tat aber so ungeschickt, dass das Pferd scheute und beide Reiter abwarf. Frech landete hart, aber heil auf dem Boden, den jugendlichen Bettelbuben schleifte das Ross fast einen Kilometer weit mit, ehe ein Passant das galoppierende Pferd anhalten konnte. Der bewusstlose Jakob Trippacher erlag seinen schweren Verletzungen nach einer Stunde und wurde am „Unschuldigen-Kindl-Friedhof" begraben.

Der Hofrat bestrafte den Gerichtsdiener wegen Trunkenheit im Dienst mit acht Tagen Keuche „bei geringer Atzung" (Nahrung). Dass er seinen Posten nicht verlor, verdankt er seinem Gesuch, dass er eine schwangere Frau und vier Kinder ernähren müsse.

Pfleger und Landrichter mussten „Beschrieene" (anonym Denunzierte) verhören und so lange in die Keuche stecken, bis Exekutionen in Salzburg wieder Platz in der Fronfeste (Vorläufer des Justizgebäudes) frei machten. Dann wurden die „Beschrieenen" samt ausführlichem Protokoll gefesselt auf einem Pferdewagen von einem Gerichtsdiener in die Hauptstadt gebracht. Diese Amtsperson trug den Überstellungsbefehl und einen Geleitbrief bei sich, damit er in Pfleggerichten nächtigen und von Bauern Pferdewagen als Robotleistung

PONGAU

in Anspruch nehmen konnte. Der Hofrat in Salzburg legte größten Wert auf unbemerkte Ankunft der Delinquenten, um jeden Auflauf zu vermeiden. Die Fracht sollte daher tunlichst am Abend eintreffen.

Mussten mehrere „Beschrieene" nach Salzburg geschickt werden, so stellte man für jeden einen eigenen Pferdewagen, damit sich die Festgenommenen nicht untereinander absprechen konnten. Das alles ging so sehr ins Geld, dass die Festgenommenen schließlich am Seil eines Berittenen nach Salzburg marschieren mussten.

Offensichtlich hielten etliche Gerichtsdiener diese Überstellung nicht für einen Schweigemarsch. Es häuften sich nämlich Klagen, dass sie den Delinquenten unterwegs erzählten, was ihnen in Salzburg in der Keuche, vor Gericht und bei der Folter blühe. Da dies die „Beschrieenen" hartnäckig oder auch kleinmütig mache, ordnet der Hofrat an, dass Gerichtsdiener derlei Geschwätz zu unterlassen hätten, andernfalls würden sie schwer bestraft oder entlassen.

Bemerkenswert: Bei keinem dieser Transporte glückte eine Flucht; offensichtlich beherrschten die Gerichtsdiener die Fesselung besser als die Redelust.

Wir verlassen nun die Bundestraße 159, überqueren die Salzach und biegen nach 500 Metern nach links auf den markierten Weg Nr. 319 nach Pfarrwerfen ab. Dort wechseln wir wieder auf das linke Salzachufer und wandern abermals auf dem alten Transportweg für Delinquenten nordwärts nach Werfen.

PONGAU

25

Verzauberte Prinzessinnen

Rundtour über den Rötelstein (2 247 m)
und die Sulzenalm, Trittsicherheit erforderlich

Start und Ziel Filzmoos

Anstieg 900 Höhenmeter

Gehzeit 4,5 Stunden

Im Rettenstein (Rötelstein) hausen verzauberte Prinzessinnen, die als Sühne für ein ausschweifendes Leben jetzt in diesem Berg ein Leben ohne Leid und ohne Freud fristen müssen. An die Oberwelt trauen sie sich nur in Vollmondnächten, wenn die Schatten der Bäume besonders unheimlich sind. Sie waschen am Nasserbründl auf der Sulzenalm oder an der Kaltenbachquelle ihre Wäsche und hängen sie vor Tagesanbruch auf der Bergspitze zum Trocknen in den frischen Wind.

Wir fahren mit dem Auto von Filzmoos auf guter Straße ostwärts über den Reithof und noch zwei Kehren über den Oberberg hinauf nach Haidegg bis zu einem Parkplatz kurz nach der Abzweigung zur Ahorneggalm. Das spart 300 Höhenmeter Anstieg.

Ab hier folgen wir der Markierung Nr. 670 durch den Lockenwald bis zur Ahorneggalm auf dem Lutzer Riedel, aus dem der schrofige Aufbau des Rötelsteins in den Himmel wächst.

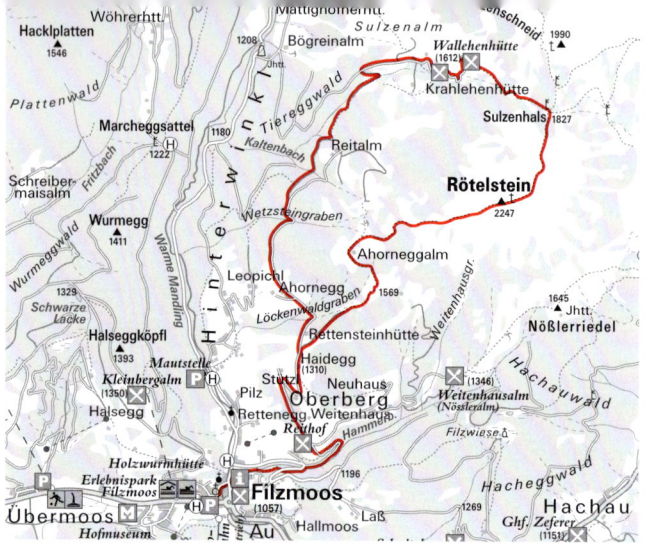

Der markierte Steig Nr. 670 schmuggelt sich nun so kurzweilig, aussichtsreich und geschickt zwischen den Schrofen und Stufen des Westgrats zum Gipfel, dass selbst Magenschwachen nicht mulmig wird. Gleichwohl erfordert dieser Anstieg Trittsicherheit. Lohn der Mühe ist der Blick in die gewaltige Südwand des Dachsteins.

Umsicht benötigen wir auch für das Mittelstück des Abstiegs nordwärts durch die schrofige, aber keineswegs schwindelerregende Flanke zum Sulzenhals, einem grasigen Sattel, auf dem fünf Wege zusammentreffen. Wir wählen den Weg Nr. 638 westwärts hinunter zur Sulzenalm.

Dort entspringt der Kaltenbach und fließt das Nasserbründl, in denen die verzauberten Prinzessinnen ihre Wäsche waschen. Sofern Irdische diese Frauen überhaupt zu Gesicht bekommen, geben sie sich scheu und freundlich. Doch dieser Schein verdeckt nur ihre beängstigende Kraft

zu Schadenszauber. Erscheinen diese Frauen dem Almvieh, dann meidet es die Quellen fürderhin und verdurstet. Trinken aber Menschen aus diesen Quellen, dann laufen sie Gefahr, sich zu verirren. Diesem Risiko entgeht man in der Jausenstation auf der Sulzenalm, in der man den Durst nicht mit Quellwasser stillen muss.

Wir verlassen die Alm westwärts und kehren auf dem markierten Weg Nr. 638 zurück zum Pkw bei der Liftstation.

26 Hilfreiche Venedigermandln

Start	Walchau in Flachauwinkl (1 036 m)
Ziel	Obere Ennsalm (1 739 m)
Strecke	7,5 km
Anstieg	700 Höhenmeter
Gehzeit	3 Stunden

Die Wanderung zu den Ennsalmen und zur Ennsquelle führt immer noch zu einem der einsamen Winkel in unseren Bergen. Gelegentlich gibt es eine Transportmöglichkeit bis zur Unteren Ennsalm (4,5 km). Das kann man in Walchau erfragen.

Wir beginnen den Aufstieg gleich neben dem Frauenalmlift in Walchau südwärts über den Bach und immer der Markierung Nr. 735 nach hinein in den gewaltigen Almkessel unter dem klotzigen Kraxenkogel. Hier weidet im Sommer Almvieh. Es grast hinauf bis an die Schrofen und Kalkwände.

Außerdem begegnet man hier zuweilen kurzgewachsenen Männern mit langen weißen Bärten. Ihr krummer Rücken deutet auf ein hohes Alter hin. Sie tragen Gewand aus schwarzem Samt, altvaterisch spitze Hüte und sind sehr freundlich – aber eben doch geheimnisvoll, wenngleich keineswegs gruselig. Man nennt sie die „Venedigermandln", weil sie einst aus der Stadt an der Adria kamen, um in den Hohen Tauern

Bergschätze mithilfe ihres Bergspiegels aufzuspüren. Mit diesem schauen sie durch den Felsen und erkennen Gold, Eisen, Bergkristall und Smaragd. Diese Schätze lassen sie für Venedigs Stadtkasse heben, bedenken aber damit auch Menschen, die unverschuldet in Not geraten sind. In der Ennsalm suchen die Venedigermandln nicht mehr nach Gold. Aber hoch über

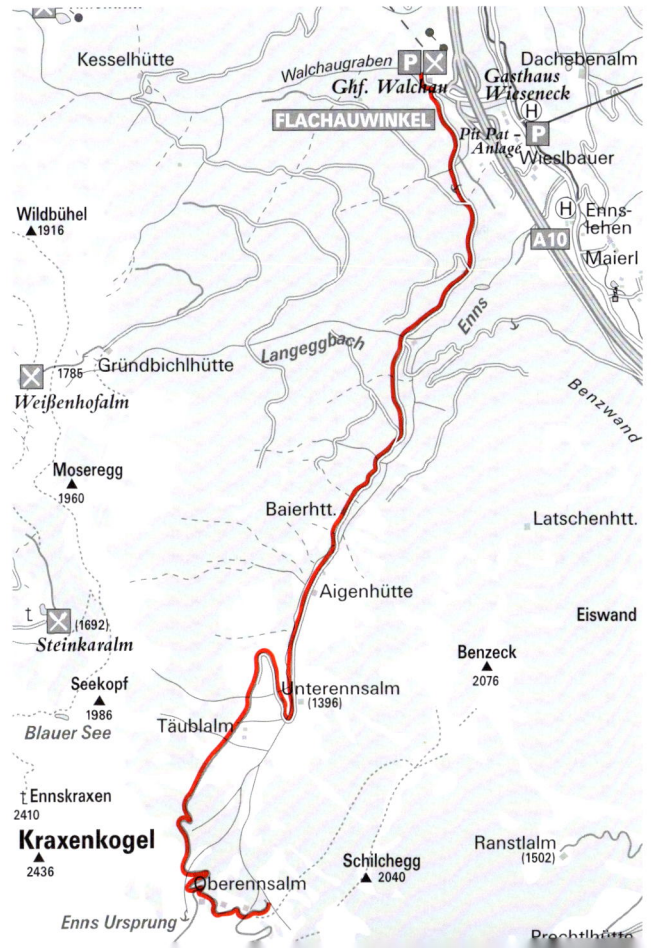

der Alm abseits der Ennsquelle fließt unter Latschen unablässig ein „unverzagter Brunnen", eine dünne Quelle. Unter diese stellen sie eine große Kanne, die sich langsam mit Goldstaub füllt. Diese Kanne leeren sie einmal im Jahr.

Der Goldsegen rings um die Alm ist also ebenso wenig versiegt wie das Mitleid der Venedigermandln mit armen Menschen.

Da musste eines Abends ein Hüterbub wieder einmal das Vieh zusammentreiben. Etliche Kalbinnen hatten sich auf steilen Grasleiten weit bergan gefressen. Doch der Hüterbub wollte sich den Anstieg ersparen und schickte sich an, mit Steinen nach den Tieren zu werfen, damit sie herunterkämen. Just als er zum Wurf ausholte, tauchte neben ihm ein Venedigermandl auf, grüßte freundlich und sagte: „Wirf diese Steine nicht weg, die sind mehr wert als alles Vieh hier im Talgrund." Und schon war das Männlein wieder verschwunden. Der verdutzte Hirte besah sich die Steine genauer – und siehe da, sie enthielten reines Gold. Fortan brauchte der Bub nicht mehr die harte Arbeit eines Hüters zu verrichten. Er konnte sich in der Flachau den größten und schönsten Bauernhof kaufen.

Von der Oberen Ennsalm sind es nur wenige Meter hinauf in die Senke zwischen Schilchegg und Bernkarkogel, die einen überwältigenden Blick auf die schroffen Kalkgipfel zwischen Faulkogel und Steinfeldspitze freigibt. Auf dem Rückweg in die Walchau überkommt uns sicher das beruhigende Gefühl, dass es unter den rätselhaften Kräften, die unser Leben beeinflussen, nicht nur Zauberer und Hexen, sondern auch gute Geister gibt – von den Venedigermandln bis zu den Schutzengeln.

PONGAU

Wie Bauern wohnten

Rundwanderung in Wagrain

Start und Ziel   Parkplatz auf dem Kirchboden
nahe dem Friedhof

Anstieg   300 Höhenmeter

Strecke   13 km

Gehzeit   4 Stunden

Wir widmen uns einer Sehschule für Bodenständiges und steigen vom Kirchboden nordostwärts nach der Markierung Nr. 5 über Widmoos, vorüber an der Jausenstation Ertlbauer und durch das liebliche Weberlandl hinauf zur Edelweißalm. Dort ist ein bäuerliches Anwesen aus der Zeit um 1750 als Freilichtmuseum zu bestaunen. Wir sehen den „durchschnittlichen" Wohnkomfort eines „durchschnittlichen" Bauern. Der offene Herd lässt erahnen, welch geräucherte Idylle der Alltag in der vermeintlich guten alten Zeit war. Uns kriecht die Gänsehaut über den Rücken bei dem Gedanken, wie dieses zugige Haus mit offenem Feuer zu heizen war. Und man versteht, dass manch einer für den Schlafplatz auf Heu im kuhwarmen Stall ohne weiteres etwas scharfen Duft in Kauf nahm.

Die ländliche Wohnqualität von 1750 unterschied sich nicht von jener ein Jahrhundert vorher. Daran ist auch das Schicksal der Landstreicher und Diebe zu messen, die aus Hunger aggressiv bettelten und von jeder Tür gewiesen wurden; die also mit Zaubertricks, Hexenmärchen und Racheschwüren der Bevölkerung Almosen abpressten. 1750 – das war ein Menschenalter nach der Zauberer-Jackl-Hysterie.

Von der „Edelweißalm" steigen wir nordwärts auf dem markierten Weg Nr. 21 entlang dem Sessellift ab in das Moardörfel mit seinen prächtigen bodenständigen Höfen. Besonders sehenswert ist die Nordseite des Hauses Nr. 2 wegen der großartigen Malschrote (Holzverbindung); sie zeigen als „Schönseite" des Hauses an, dass die Straße ursprünglich durch dieses Dörfel führte.

Die „Schiachseite" jener Zeit rufen uns zwei Bettler ins Bewusstsein, die als Zauberer und Anhänger des Jackl in Wagrain geschnappt und drei Monate später in Salzburg erdrosselt wurden: der 18-jährige Ruepp Posch aus Goldegg und der 20-jährige Ruepp Pürgler aus Eschenau.

Jetzt wenden wir uns westwärts auf einem Weg neben der Straße nach Schwaighof, überqueren dort die Landstraße und nehmen den Weg entlang dem Schwaighofbach (Markierung Nr. 2) zurück nach Wagrain, wo wir auf dem Friedhof noch vor den Gräbern des „Stille-Nacht"-Dichters und Wagrainer Pfarrherrn Josef Mohr sowie des Schriftstellers Karl Heinrich Waggerl innehalten.

Einen Weihbrunn verdient auch eine längst vergessene Frau, deren Grab niemand kennt: die Wagrainer „Haupthexe" Barbara Stöckpanner. Von ihr will nämlich Ursula Zangger aus Mittersill gelernt haben, wie man Wetter macht, Vieh verzaubert, Milch herbeizaubert und jemandem eine Krankheit anhext. Die Zanggerin wurde 1594 – also fast ein Jahrhundert vor der Zauberer-Jackl-Hysterie – im damals noch salzburgischen Kitzbühel aufgegriffen und lebendig verbrannt. Sie hatte die feierliche Heirat mit dem Teufel Pelzepock bei einem Hexensabbat auf dem Wilden Kaiser gestanden.

Start	Kleinarl (1 007 m)
Ziel	Blauer See (1 960 m)
Anstieg	950 Höhenmeter
Gehzeit	gesamt 4,5 Stunden

Diesen Ausflug beginnen wir vor der 1984–86 erweiterten Pfarrkirche, deren altes Tor wir genauer in Augenschein nehmen. Es trägt nämlich als Zier ineinander und auf die Spitze gestellte Rhomben, ein von Konfessionen unabhängiges Symbol für Fruchtbarkeit. Nun nehmen wir den Fahrweg ostwärts in den Graben, biegen nach rund 500 Metern scharf nach rechts auf den Güterweg zur Jausenstation Ennskraxen ein und folgen von dort dem markierten Weg Nr. 10 ostwärts durch den waldigen Steinkargraben. Wir überqueren die Straße zur Hütte und kurz vor der Steinkaralm noch den Bach. Von dieser großartig gelegenen Alm steigen wir immer noch auf dem Weg Nr. 10 ostwärts hinauf auf den freien Kamm, schwenken südwärts und wandern westseitig am Seekopf vorbei zum kleinen Blauen See unter den Nordabstürzen der Ennskraxn.

Wenn in der Morgendämmerung zarte Nebelschleier über diesen Bergsee ziehen, begegnen Bergsteiger hier manchmal wunderschönen Frauen. Sie sind ganz bleich und tragen elegante weiße Schleier. Wenn sie Menschen treffen, lächeln sie sehr liebenswürdig, sind aber wortkarg und scheu. Niemand

weiß, wo sie wohnen und wovon sie sich ernähren. Diesen Frauen begegnet man auch an Bergseen und Bächen in Oberkärnten und Tirol. Man nennt sie „Salige Frauen", die „glücklichen und seligen" Nachkommen jener Kinder, die Adam und Eva im Paradies gezeugt haben.

Natürlich erschrickt man, wenn man unversehens so einer
„Saligen Frau" gegenübersteht. Aber keine Angst, denn diese
guten Geister tauchen meist dann auf, wenn Bedrängte Hilfe
brauchen. Und die hatte einst ein Bauer aus Kleinarl dringend
nötig. Er war ein großer Jäger, der das Wild auch gut versorg-
te. Dazu gehörten Labsteine, die er im ganzen Talschluss bis
hinauf zu den höchsten Gipfeln auslegte. Labsteine sind sal-
zige Lecksteine für das Wild, das ohne Salz nicht überlebt.
Eines Tages im Spätherbst trug der Bauer so einen Stein am
Blauen See vorbei und über den steilen Steig hinauf auf die
Ennskraxn. Dort droben überraschte ihn ein Schneesturm. Der
Bauer schien verloren zu sein, da tauchte aus dem Grau der wild
tanzenden Flocken die weiße Gestalt einer „Saligen Frau" auf.

Sie nahm ihn bei der Hand und geleitete ihn durch den Neuschnee so weit ins Tal hinunter, bis er wieder trockenen Boden unter den Füßen hatte. Dann war die Frau, so plötzlich wie sie aufgetaucht war, wieder verschwunden.

Trittsichere und schwindelfreie Geher können den Spuren der „Saligen Frau" nachwandern und erreichen vom Blauen See in gut einer Stunde die Ennskraxn (2 410 m), indem sie die Nordwände auf dem markierten Steig westwärts umgehen und dann über schrofiges Gelände zum Gipfel aufsteigen.

Zur Rückkehr wandern wir nach Route 100 zur Steinkaralm und schwenken nun nordwärts in den Weg Nr. 714 ein. Wir folgen ihm ein Stück unterhalb des Kammes entlang zwei Drittel der Strecke zum Mooskopf, nehmen hier den linken Ast der Markierung Nr. 22 leicht bergab zur Moosalm und steigen auf dem Weg Nr. 11 entlang der Sesselbahn wieder ab nach Kleinarl (gut 2 Stunden ab Steinkaralm).

PONGAU

„Gemärkt"

Zur Routine der Hexenprozesse gehörte das „Visitieren" der Angeklagten. Gerichtsdiener suchten den Körper nach einem „Stigma diabolicum" ab, der „teuflischen Schnittnarbe" nach Art des Brandmals für Vieh. Das „Märken" (Markieren) mit einem Schnitt bewies ein Teufelsbündnis.

Auf der Suche nach Stigmata wurde alles Haar vom Körper geschoren. Hier wucherten antike Vorstellungen fort, dass das Haar dämonische Kräfte enthalte und überdies als Versteck für Zaubermittel tauge. Häufig wusch man Delinquenten sogar penibel mit Weihwasser, um ihren Körper von Zaubersalben oder von der Zauberwäsche mit Urin zu befreien.

Der Bund mit dem Teufel wurde mit Blut besiegelt. Deshalb brachte der Jackl oder ein Teufel dem Junghexer oder der Junghexe einen Schnitt bei und schrieb mit dem herausfließenden Blut den Namen des „Gemärkten" auf einen Zettel oder gar in ein großes Buch.

Einen wesentlichen Zweck dieser Blutsbruderschaft gestand der 12-jährige Zauberbub Dionysus Feldner: der Jackl habe ihm mit einem Messer ein umgekehrtes N nahe der Beuge eingeschnitten, jetzt gehöre er ganz dem Teufel. Dieses Zeichen verhindere ein Geständnis unter Folter. Ein Zehnjähriger bekannte, dass ihn der Jackl am Daumen geschnitten habe. Daraufhin habe der Teufel den Federkiel in das Blut „getunkt" und ihn damit in sein Buch eingetragen. Der Teufel habe ihn in Maxglan auf der Brust, in Siezenheim auf dem Kopf und beim Hexentanz auf der Wange „gemärkt".

Den Teufelsbund bewies auch die Nadelprobe. Weil teuflische Narben und Muttermale als unempfindlich galten, stachen Gerichtsdiener beim „Visitieren" mit Nadeln unauffällig in sie hinein. Verspürte der – vorsätzlich intensiv abgelenkte? – Delinquent nichts, so stand das Teufelsbündnis des „Gemärkten" fest. Das genügte für die Todesstrafe.

Die zehnjährige Bärbel Händlin erklärte eine Narbe am Fuß als Folge der Räude und eines drückenden Schuhs. Unbemerkt wurde in diese Stelle mit einer Nadel gestochen, die Bärbel merkte es nicht. Das reichte als Beweis eines Teufelszeichens ebenso wie eine Geschwulst an der Vagina des Kindes, das durch Erdrosseln starb.

Milchzauber und Fürwitz

Rundwanderung über den Rattersberg

Start und Ziel Großarl

Anstieg 600 Höhenmeter

Gehzeit 3 Stunden

Über dem Großarltal lag einst der bedrückende Schatten der Bindlinghexe, die dort ihr Unwesen trieb. Wenn sie den leeren Rührkübel drehte und dazu sagte „zsamm, zsamm, von jeda Kuah a Bohn (ein bohnengroßes Stück Butter) von da bis Rom", erschien vor ihr auch schon eine große Butterkugel. Für diese Butter entzog sie den Kühen der Nachbarn derartige Mengen Milch, dass etliche Keuschler beinahe an den Bettelstab gerieten.

Da machten einmal Knechte beim Dreschen eine Pause zum Jausnen und redeten dabei über allerhand gespenstisches Zeug von Hexen und Zauberei. Plötzlich rollte eine Butterkugel über den Tennboden. Ein Bursche stach mit der Heugabel nach ihr. Und siehe da, am nächsten Tag lief die Bindlinghexe mit zerstochenem Gesicht im Dorf herum. Weil man bei diesem Milchzauber aber nie beweisen konnte, von welcher Kuh die Milch für welche Butter stammte, entrann die Bindlinghexe der irdischen Gerechtigkeit.

Die Wanderung beginnt an der Kreuzung der breiten Landstraße mit der Straße vom Ortszentrum zu den Bergbahnen in Unterberg. Dieser Straße folgen wir nordwärts etwa 1 Kilometer weit, überqueren den Unterbergbach und biegen sogleich nach links (westwärts) ab in das kurvenreiche Sträßchen auf den Rattersberg, einem großartigen Aussichtspunkt über Großarl, das Tal und die Hohen Tauern.

Ab dem Rattersberg wandern wir auf unserem Sträßchen durch einen Wald bis zur Kehre, aus der westwärts ein schmaler Fahrweg abzweigt, den Unterberggraben quert und nach zwei Kehren an eine undeutliche Gabelung gelangt. Hier biegen wir nach links (talwärts) ab und folgen der Markierung Nr. 515 vorbei an der Roslehenalm, durch den Harbachgraben und nun wieder auf einem breiten Güterweg in langgezogenem Bogen durch Wald auf die Bauernwiesen oberhalb von Unterberg.

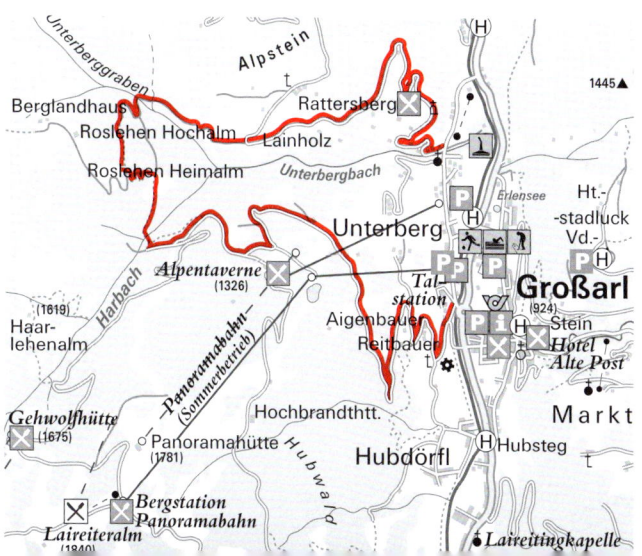

Die prächtige Sicht auf Großarl zu Füßen seiner großen Pfarrkirche lenkt die Aufmerksamkeit auf die alte Regel der Pietät, den Frieden der armen Seelen nicht zu stören. Sobald Gott sie in den Himmel aufnimmt, könnten sie nämlich unsere Fürbitter sein. Deshalb lohnt es, wieder zurück in Großarl noch 30 Höhenmeter zur Kirche aufzusteigen, die mitten im Friedhof steht. In dieser Kirche zelebrieren verstorbene Priester an jedem Dienstag, Donnerstag und Samstag zwischen 23 und 24 Uhr Geistermessen. Sollte ein Fürwitziger einen Blick in die Kirche wagen, bekommt er einen Schlag ins Gesicht. Die Narbe davon zeichnet ihn lebenslang.

Einmal behauptete ein Bauer, dass er zur Geisterstunde sehr wohl in die Kirche komme, weil ihn Geister begleiten. Als Beweis wollte er die Bruderschaftsfahne vor dem Altar niederlegen. Doch anderentags lag die Bruderschaftsfahne vor der Totenkammer und der Bauer geht seither als Geist um.

 PONGAU

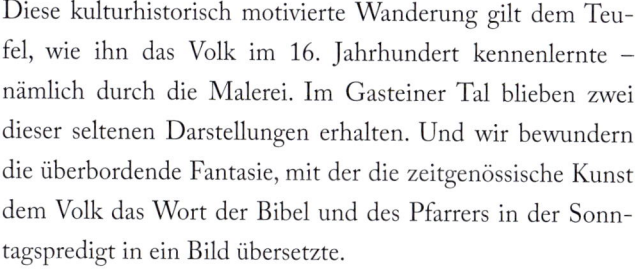

Der Leibhaftige an der Wand

Start	Bad Hofgastein
Ziel	Badgastein
Strecke	10 km
Anstieg	300 Höhenmeter
Gehzeit	2,5 Stunden

Diese kulturhistorisch motivierte Wanderung gilt dem Teufel, wie ihn das Volk im 16. Jahrhundert kennenlernte – nämlich durch die Malerei. Im Gasteiner Tal blieben zwei dieser seltenen Darstellungen erhalten. Und wir bewundern die überbordende Fantasie, mit der die zeitgenössische Kunst dem Volk das Wort der Bibel und des Pfarrers in der Sonntagspredigt in ein Bild übersetzte.

Unsere Wanderung beginnt in der Pfarrkirche von Bad Hofgastein, die ihre Pracht dem Tauerngold verdankt. Immerhin trug Salzburg um 1550 fast 10 Prozent zur damals bekannten Welt-Goldproduktion bei – und hieß später das „kleine Peru der alten Welt". Doch uns interessiert der südseitige Aufgang zum Orgelchor. Dort entdecken wir die Reste eines Freskos, das Teufel in bizarren Formen darstellt.

Von der Kirche wandern wir ostwärts bergan im Zickzack erst nach rechts und dann nach links zwischen Friedhof und

Parkgarage zum „Gasteiner Höhenweg", der dank bester Beschilderung fortan nicht mehr zu verfehlen ist. Kurz nach der Brücke über den Ardackerbach beim Hotel Gamskar zweigen wir nach rechts vom Höhenweg ab und gelangen nach einem „Zick" nach rechts und einem „Zack" nach links bei der Brücke über den Kötschachbach zur alten Landstraße durch Badbruck. Hier verdrängte der Glitzer eines Weltbades noch nicht den etwas patinierten Zauber eines Dorfes.

Wir folgen der alten Landstraße bergan zum Höhepunkt dieser Wanderung, der Kirche St. Nikolaus aus der Zeit um 1400. Aus der schlanken Mittelsäule wächst das Netzrippengewölbe über das quadratische Kirchenschiff hinaus. Eine beispielhafte Restaurierung legte großartige spätgotische Fresken frei, darunter auch das Jüngste Gericht. In der Ecke rechts des Chores macht der Künstler dem Betrachter die Hölle heiß. Da tummeln sich die gehörnten Teufel mit langen Fingernägeln, zottig behaarten Beinen und Krallen an den Zehen.

Und das Volk glaubte aufs Wort, dass Hexen mit derart widerwärtigen Figuren „Beylager" und abstoßende Riten betrieben, dass sich Zauberer vom Teufel ein Mal als Stigma einschneiden ließen, dass diese Teufel die Kunst des Schadenszaubers lehrten, dass „Teufelsanbeter" den Mitmenschen auf Befehl des Teufels Übles antäten. Aberglaube oder nicht – so akzeptierten die Menschen die Vorstellung, dass Zauberer und Hexen erbarmungslos zu Staub verbrannt werden müssten, damit der Teufel in ihnen vernichtet werde. Die pädagogische Probe aufs biblische Exempel: Der wegen dreifachen Raubmordes,

PONGAU

Schadenszaubers, Gottesleugnung und Wettermachens 1615 in Lienz geräderte Wolfgang Zellwieser gab unter Folter den Umgang mit dem Teufel zu und beschrieb den Gottseibeiuns „wie er gemalt wird". Der Mann stammte ausgerechnet aus Gastein. Er hat ohne Zweifel dieses Fresko in St. Nikolaus gesehen. Das zwingt zu einem erschütternden Gedanken: Kannte der Künstler den Teufel etwa persönlich, um ihn so treffend an die Wand zu pinseln? Warum quetschte dann die Justiz nicht ihn als Verdächtigen aus? Kannte der Künstler aber den Teufel nicht, dann kannte der Delinquent Zellwieser nicht den echten Teufel, sondern nur dessen Darstellung in der Kirche. Und dieses Bild trat während der Folter oder in Halluzinationen als Pseudowirklichkeit in sein Bewusstsein.

Die knifflige Frage, was Kunst bewirken kann/will/soll, liefert mithin genügend Denkstoff für die Rückkehr mit dem Bus nach Bad Hofgastein.

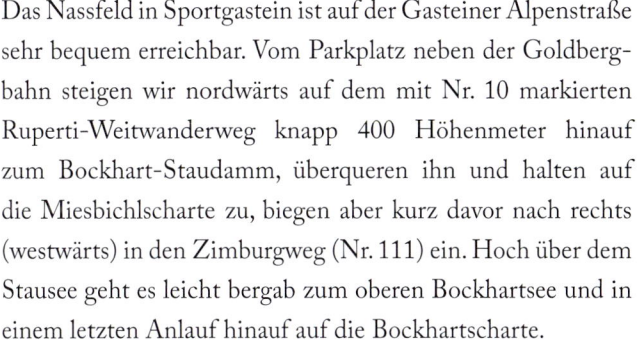

Ein gutmütiges Gespenst

31

**Rundwanderung im erloschenen Goldbergbau
um den Unteren Bockhartsee**

Start   Sportgastein (1 589 m)

Ziel   Bockhartscharte (2 226 m)

Anstieg   700 Höhenmeter

Gehzeit   4 Stunden

Das Nassfeld in Sportgastein ist auf der Gasteiner Alpenstraße sehr bequem erreichbar. Vom Parkplatz neben der Goldbergbahn steigen wir nordwärts auf dem mit Nr. 10 markierten Ruperti-Weitwanderweg knapp 400 Höhenmeter hinauf zum Bockhart-Staudamm, überqueren ihn und halten auf die Miesbichlscharte zu, biegen aber kurz davor nach rechts (westwärts) in den Zimburgweg (Nr. 111) ein. Hoch über dem Stausee geht es leicht bergab zum oberen Bockhartsee und in einem letzten Anlauf hinauf auf die Bockhartscharte.

Falls Kondition und Lust anhalten, lohnt der Abstecher nordwärts auf den 2 600 Meter hohen Silberpfennig (400 Höhenmeter und gut 1 Stunde Anstieg).

Den Rückweg von der Bockhartscharte nehmen wir auf dem „Herrensteig", der 400 Meter östlich des Oberen Bockhartsees vom Zimburgweg nach links (südostwärts) abzweigt und bei der Bockhartseehütte endet. Von diesem großartigen Ausguck nehmen wir die Gletscher des Scharecks etwas genauer

PONGAU

in Augenschein. Dort ist nämlich ständig der „Kapuzer" unterwegs. Gelegentlich streunt er auch hinüber zum vergletscherten Rauriser Sonnblick.

Der „Kapuzer" ist eines der gutmütigen Gespenster und hilft armen Leuten oder neuerdings auch Skifahrern, die sich auf Tour im Nebel im lebensgefährlichen Spaltengewirr der Gletscher verirren. Nur das Lästern und Fluchen verträgt er nicht. Da wird er wütend, reißt in die Gletscher neue Spalten, lässt Eistürme zusammenbrechen und Steinschlag über die Felswände donnern. Die Leute meinen dann, dass der „Kapuzer" das gar nicht aus Zorn tut, sondern weil er neue Goldadern aufschließt. Einmal nahm ein Bergmann einen Laib Brot zu seinem Arbeitsplatz mit. Da kam der hungrige „Kapuzer" vorbei und entriss ihm das Brot. Spornstreichs rannte der erschreckte Bergmann ins Tal, kaufte gleich zwei Brotlaibe und stieg wieder zu seinem Arbeitsplatz hinauf. Erneut tauchte der „Kapuzer" auf und entriss ihm ein Brot. Darüber verblüfft, warf der Knappe dem vermeintlich ausgehungerten Berggeist den zweiten Laib nach und rief: „Da nimm den anderen auch noch." Das freute den „Kapuzer" so sehr, dass er den Knappen zu einer Goldader führte, die ihn zum reichen Mann machte.

Beim Abstieg nach Sportgastein können wir wieder darüber nachsinnen, wie unsere Ahnen Unerklärliches zu erklären versuchten. Weil sie die Bewegungen und Wirkkräfte eines Gletschers nicht kannten, schrieben sie das Aufreißen von Spalten, Eislawinen oder Steinschlag überirdischen Kräften zu, die damit das Fehlverhalten von Menschen ahndeten.

PONGAU

32

Wegen Sodomie hingerichtet

Rundwanderung zwischen Salzachtal und Goldegg

Start und Ziel Mautwirt oberhalb von Schwarzach

Anstieg 300 Höhenmeter

Strecke 6 km

Gehzeit 2,5 Stunden

Der Ausgangspunkt unserer Wanderung ist der Parkplatz beim Mautwirt neben dem Tunnel-Südportal der Bundesstraße 311, der rund 2,5 km talaufwärts vom Ortsende Schwarzach liegt. Die Zufahrt zweigt vor dem Nordportal dieses Tunnels nach links ab. Wir überqueren die Fluss- und Bahnbrücke der Bundesstraße westwärts und steigen auf dem markierten Weg Nr. 5 zügig das kurze Stück auf die Pongauer Sonnenterrasse an. Im Goldegger Ortsteil Oberhof kommt uns ein Sträßchen in die Quere, dem wir nach rechts (ostwärts) nach der Nummer 6 bis zum Straßenende folgen. Dort biegen wir in den Weg Nr. 6a nach links (nordwärts) ein, der ostseitig um den Rohrerberg herum bis zum Goldegger See führt. Wir umrunden den See gegen den Uhrzeigersinn und nehmen uns auf einem Bankerl vor dem Schloss Goldegg sitzend Zeit zur Rückschau.

Dieser Wehrbau steckt hinter weitaus schwächeren Mauern und Ecktürmen als Hohenwerfen oder Radstadt. Das genügte aber gegen die Waffen des 14. Jahrhunderts, in dem die Herren von Goldegg diese Burg errichteten. Das Geschlecht der Goldegger tauchte zu Anfang des 12. Jahrhunderts als bedeutendstes Dienstmannengeschlecht (= Ministerialen) der Salzburger Erzbischöfe auf. Es erlosch zu Anfang des 15. Jahrhunderts, worauf der Erzbischof die Hofmark Goldegg übernahm und das Schloss zum Sitz eines Pflegers erklärte.

In Hofmarken (= kleine, geschlossene Gebiete) übte der Inhaber die Gerichtsbarkeit mit Ausnahme der todeswürdigen Verbrechen (Mord, Diebstahl, Notzucht) aus, weshalb nicht einmal der landesfürstliche Richter die Hofmark von Amts wegen betreten durfte. Der Inhaber konnte Soldaten ausheben, Steuern eintreiben, Eichamt spielen sowie Robot für Wehranlagen und Straßen- oder Wasserbau verordnen.

Der Status als Hofmark spielte im ersten Fall von Zauberei in der Salzburger Justiz eine Rolle. Im Jahr 1443 flüchtete nämlich die mutmaßliche Zauberin Munk Ull aus dem Pfleggericht Werfen nach Goldegg. Anscheinend nahm sie an, dass sie dort für die Justiz nicht mehr greifbar wäre. Doch die Hofmark lieferte die Frau wieder der zuständigen Justiz aus. Was mit der Ullin weiter geschah, wissen wir nicht.

Als die Zauberer-Jackl-Hysterie 1682 in Salzburg abgeflaut und zuletzt noch den Lungau erfasst hatte, erregte Goldegg nochmals Aufsehen. Zwei 13-jährige Buben namens Fischer und Pürgler wurden wegen Schuhdiebstahls eingesperrt. Beide

gaben zu, vom Jackl „geschnitten" worden zu sein, also ein Teufelsmal zu tragen. Außerdem konnten sie zaubern. Der Fischer war indessen geistig derart beschränkt, dass ihn der Richter heimschickte. Pürgler hingegen wurde wegen Diebstahls und Zauberei vor dem Schloss enthauptet und verbrannt.

Aus Goldegg stammte auch der 13-jährige Simon Hoffmayr, der bekannte, dass der Zauberer Jackl ihn und sich selbst in Stiere verwandelt hätte. Dazu habe ihm der Jackl lediglich ein schwarzes Kappl aus Samt vor das Gesicht gehalten. Dann hätten sich beide an Kühen vergangen. Hoffmayr wurde wegen Hexerei erdrosselt.

Als alttestamentarisches Laster aus der Stadt Sodoma, die Gott mit einen Feuerregen vernichtete, rückte Sodomie 1678 sehr schnell zu einem wichtigen Thema bei den Verhören auf. Was dabei zur Sprache kam, lässt an den sexuellen Fantasien und der derben Fäkalsprache der Bettler ihr elendes Dasein erahnen. Da erzählte beispielsweise der 14-jährige Christian, der Jackl habe ihn auf eine Kuh gehoben und gesagt, er soll ihr ein „Kindl" machen. An eine Hündin habe er sich aber aus Angst vor einem Biss nicht gewagt (Christian wurde enthauptet). Der 20-jährige Urban Mitteregger bekannte, dass er und der Jackl dem Vieh Hostien in den After gesteckt und die Tiere dann abwechselnd missbraucht hätten (Mitteregger wurde enthauptet). Der 27-jährige Jakob Stainer aus Piesendorf lieferte sogar eine Art Statistik: Er habe mit 20 Pferden je fünfmal, mit 30 Kühen je dreimal und mit mehr als 100 Geißen je einmal Sodomie getrieben; Kühe hätten ihm „besser getaugt" als Geißen. Und sein Lehrmeister Jackl habe dem Vieh die Schwänze abgeschnitten, damit er sie besser „angehen" könne (Steiner wurde erdrosselt). Die 14-jährige Katharina Pichlerin aus Gastein beschrieb genau, wie der Jackl einen Hund auf sie gehoben habe. Der habe wohl „genoggelt", sei aber nicht richtig in die Vagina gelangt. So widerwärtig diese Verhöre auch sein mögen, sie liefern ein Zeitbild.

Wir wandern nun vom Schloss (dessen Wappensaal und Museum sehenswert sind) westwärts in das Ortszentrum und schenken den alten Holzhäusern der Hofmark südlich der Kirche und den schönen Aushängeschildern die gebührende Aufmerksamkeit. Nach kurzer Steigung biegen wir in der Rechtskurve der Straße nach links ab und folgen der Markierung Nr. 5 hinunter zum Parkplatz beim Mautwirt an der Salzach.

PONGAU

Sadistische Justiz?

Im Weltbild der dünnen Bildungsschicht der frühen Neuzeit hatten Himmel, Hölle, Hexerei und Zauberei einen unerschütterlich festen Platz. Nach diesem Weltbild musste die Justiz den Delinquenten bestrafen und seine Seele retten, ihn aber keinesfalls resozialisieren.

Doktoren der Jurisprudenz glaubten Aussagen über Hostienschändung, weil sie von der abgrundtiefen Schlechtigkeit der Hexen und ihrer Verbrechen überzeugt waren. Tief beeindruckten sie Geständnisse Pubertierender, dass die Foltersuppe die Bereitschaft zur Wahrheit deutlich erhöht und das Waschen mit Weihwasser das Geständnis erleichtert habe. Nachhaltig wirkte auch das Bekenntnis, dass der Teufel beim Besuch im Gefängnis zwischen 23 und 24 Uhr keine Macht über den Häftling bekam, weil dieser etwas Geweihtes um den Hals trug.

Der Hofrat wertete solche Aussagen als Beweis dafür, dass der Teufel Geweihtes scheut. Die Folter stempelt somit die Richter nicht zu Sadisten; vielmehr entsprachen sie ihrer – uns unverständlichen – Aufgabe, nach den Normen des Zeitgeistes die vermeintliche Wahrheit herauszufinden, den Schuldigen zu bestrafen und seine Seele dem Teufel abzujagen.

Offensichtlich schätzten die Richter ihre Möglichkeiten im Kampf gegen den Teufel als eng begrenzt ein. Nur Priester, Weihwasser, Gebet und Kreuz hatten die Macht, den Teufel zu besiegen. Deshalb betreuten Geistliche die Delinquenten während der Haft ziemlich intensiv.

Kinder überantwortete das Gericht bedenkenlos dem Freimann, weil diese Brut zauberischer Eltern ohnehin dem Teufel verfallen war, die Weitergabe dieses Erbes also unbedingt verhindert werden musste. Hier spielte die Überzeugung herein, dass zauberische Mütter und Hebammen die Kinder noch im Mutterleib oder bei der Geburt dem Satan weihen.

Diese Zusammenhänge machen die ohnmächtige Wut darüber verständlich, dass der Zauberer Jackl der Justiz entwischte. Die Anweisungen des Erzbischofs nennen immer wieder einen Verführer der Jugend, die man schützen müsse – wie unzureichend die Methoden auch gewesen sein mögen.

Ein Glasteufel im Mikroskop

33

**Talwanderung von Lofer nach Unken
zur unbekannten Grabstätte
eines großen Kritikers der Hexenjagd**

Strecke 8 km

Gehzeit 2 Stunden

Lofer hielt durch Jahrhunderte den Rang eines Knotens dreier bedeutender Handelswege nach Tirol, Bayern und Innergebirg. Der Handel ließ sich auch nicht durch die beständige Gefahr von Muren, Steinschlägen und Lawinen an allen drei Zugängen bremsen. Offenbar wussten das auch schon die Römer, von deren Wort *labina* (= Erdrutsch) der Name Lofer abstammt.

Im Ortskern um die Pfarrkirche gibt es bei Weitem mehr alteingesessene Wirtshäuser, als der Pfarrer, der Lehrer, die Hebamme, etliche Handwerker und ein paar Bauern benötigten. Diese Wirte lebten vorwiegend vom durchziehenden Handel; und auch von Wanderern. Nicht aber von zwei Geistlichen, die in der Geschichte der Hexenverfolgung entscheidende Rollen spielten und in Lofer beim Pfarrherrn nächtigten.

Der eine hieß Heinrich Krämer, Dominikaner und soeben eher schimpflich aus Tirol gewiesen. Krämer hatte 1484 entscheidenden Anteil an der Formulierung der Hexenbulle des Papstes Innozenz VIII. und kam 1485 mit päpstlichen Vollmachten nach Tirol, um dort nach den Noten der Inquisition (dazu Stichwort S. 188) zur großen Hatz auf Hexen zu blasen. In nur einem Monat hatte er 50 Verdächtige wegen Schaden- und Liebeszaubers beisammen.

Sogar den leichtgläubigen und von Gespensterfurcht erfüllten Erzherzog Sigmund nahm er in die Mangel, weil ihn die „Hexe von Hall" mit Liebeszauber seiner Gattin abspenstig machen wollte. Schwachpunkt des Dominikaners: Er griff sich „Hexen" auf anonyme Anzeige hin.

Den aus Werfen stammenden Brixener Fürstbischof Georg Golser empörte Krämers pseudojuristische Wilderei im Namen des Papstes. Er forderte den Dominikaner auf, die Anzeiger zu nennen und weltliche Richter beizuziehen. Als dann Krämer 1486 sieben Frauen vor sein Inquisitionsgericht beorderte, ließ Golser das Verfahren einstellen – auf Antrag des energischen Verteidigers Johann Merwais, der Krämer sogar wegen Amtsmissbrauchs anklagen wollte.

Diese Blamage Krämers steigerte Golser noch mit der Aufforderung, ehestens das Land zu verlassen. Krämer stellte sich schwerhörig, worauf Golser deutlicher wurde: „Mich verdrießt dieser Mönch, es kommt mir vor, als sei er wegen Altersschwäche ganz kindisch geworden." Er solle schleunigst verschwinden, weil sich sonst die Ehemänner der angeklagten Frauen an ihm vergreifen könnten. Da zog Krämer den Rückzug der Tapferkeit vor und wanderte durch Lofer nach Salzburg. Was

PINZGAU

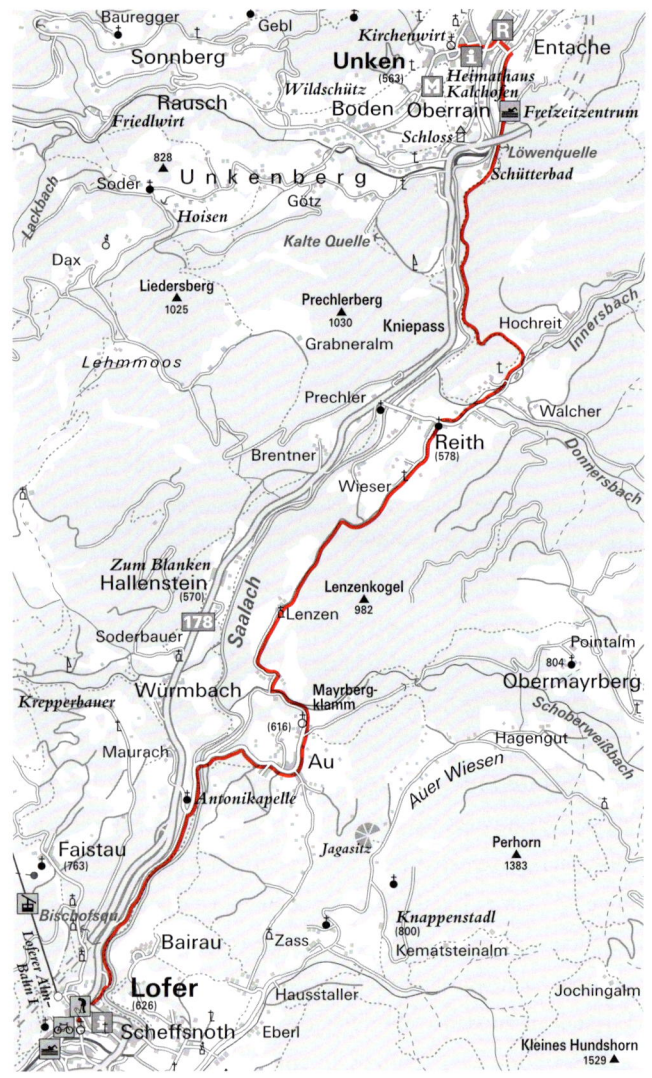

er hier trieb, wissen wir nicht; er selbst behauptete 1496, „Lektor der Kirche Salzburgs" gewesen zu sein. Mag sein, dass er in der Domschule unterrichtete.

Berühmt wurde Krämer aber erst unter seinem latinisierten Namen Institoris als Mitautor des 1487 erschienenen Hexenhammers (dazu Stichwort S. 90), der bis 1669 29 Auflagen erlebte. Er brachte es fast zum Rang eines Dogmas, weil er für die Kombination aller Verbrechen von Schadenszauber über Hexerei und Teufelsbündnis bis zur Ketzerei bald den geistlichen und weltlichen Gerichten das Maß setzte. In dieser Beschreibung der Hexen samt Anweisung, wie Prozesse zu führen seien, stechen zwei Punkte hervor: Gefordert war nicht eine auf Beweise gestützte Anklage, sondern eine anonyme Denunziation, die den Kläger vor Folgen schützt, falls die Anklage falsch sein sollte. Das geschah aber nie, weil legitime Folter den Beweis durch Geständnis erzwang. Die Tortur war so lange fortzusetzen, bis die Angeklagten die Schuld bekannten. Gestanden Hexe und Zauberer nicht, so bewies das Ertragen der Folter die Hilfe des Teufels. Dann waren sie der weltlichen Justiz zum Vollzug der Todesstrafe zu übergeben.

Wir wollen uns jedoch nicht an die verwehten Spuren Krämers machen, sondern statt des direkten Weges nach Unken einige lohnende Abstecher unternehmen, ehe wir des zweiten Geistlichen gedenken, der hier allerdings erst eineinhalb Jahrhunderte nach Krämer durchgewandert ist.

Wir steigen zunächst bei der engen Loferer Ausfahrt Richtung Salzburg rechts hinunter zur wilden Saalach, die da

PINZGAU

durch Blockwerk gischtet. Hier ist ein selektives und deshalb begehrtes Revier für Kajak- und Schlauchbootfahrer der gehobenen Klasse. Früher freilich verklemmte sich an solchen Engstellen immer wieder Triftholz für die Reichenhaller Saline. Also stießen und zerrten Triftknechte vom Ufer oder von Steinblöcken im Fluss aus mit langen Stangen und Enterhaken verkeilte Bloche frei. Bei dieser Arbeit verlor manch ein Knecht das Gleichgewicht und fand zwischen wirbelnden Wassermassen und aufeinanderkrachenden Blochen den Tod. An diese gefährliche Arbeit erinnert der „Triftsteig", dem wir

Hexenverbrennung, Holzschnitt aus dem 16. Jahrhundert.

rund 2 Kilometer weit bis zur Au-Brücke folgen. Wir überqueren die Saalach und nehmen nach 400 Metern eine Starparade von klassischen Pinzgauer Bauernhöfen ab. Sie beweisen, dass moderne Lebensweise auch in bodenständigem Bauwerk möglich ist. Am Ende von Au steht das entzückende Kirchlein, das als Vordergrund zu den Kalkzacken der Loferer Steinberge längst jeden Bildband über Österreich aufbessert.

Gleich hinter dieser Kirche wandern wir hinunter zur Saalach und am Fluss entlang auf dem „Gaißsteig" nach Unken. Dort kehren wir allerdings nicht in der prächtigen „Post" ein, sondern in der großartig restaurierten Pfarrkirche. Hier ruht der bayerische Jesuit und Moraltheologe Adam Tanner, der 1632 im alten Pfarrhof 60-jährig verstarb. Der Salzburger Fürsterzbischof Paris Lodron wünschte die Überführung dieses bedeutenden Theologen nach Salzburg zur Bestattung, einige bayerische Jesuitenkollegien hingegen wollten das Gegenteil. So blieb Tanner in Unken. Und in den ehrenden Annalen der Aufklärung.

Tanner lehrte in Ingolstadt und München. Er verurteilte die Hexenjagd und verglich sie mit der Christenverfolgung. Besonders die Richter forderte er auf, die mörderische Willkür zu beenden und bei der Untersuchung auf der Hut zu sein, denn so vieles beruhe auf Täuschung. Das war ziemlich riskant in einer Zeit, in der die Kirche ganz offiziell Zauberei, Hexerei und Teufelsbündnisse mit Ketzerei in einen Topf warf und an Urteilen nur nach Barbarei abgestufte Todesstrafen (dazu Stichwort S. 246), Landesverweis oder Freispruch kannte. Kritik daran weckte naturgemäß diffusen Verdacht.

PINZGAU

Wie ernst das zu nehmen war, belegt ein Fund unter den Habseligkeiten des Verstorbenen: Ein Mikroskop, in das ein Insekt eingeschlossen war. Als Bauern dieses enorm vergrößerte Tierchen sahen, hielten sie es für einen Glasteufel und Tanner für einen „Zauberer", dem kein christliches Begräbnis gebühre. Der Pfarrer hatte alle Mühe, die aufgebrachten Leute zu beruhigen und Tanner vom Verdacht der Magie zu befreien.

Leider zerstörte 1756 ein Brand die Kirche und alle Kirchenbücher, und so weiß man nicht mehr, wo Tanner genau bestattet wurde. Sein Orden freilich verwand das mit dieser (lateinischen) Feststellung: „Weil Tanner gerade als Bester für alle das Beste anstrebte, genügen ihm seine Tugend und sein hervorragender Eifer als Denkmal und Mausoleum."

Tanner bietet hinreichend Anlass, auch jener mutigen Männer zu gedenken, die den Hexenhammer und das gesamte scheinjuristische System dahinter öffentlich kritisierten.

Gegner der Verfolgung wie die Jesuiten Johann Weyer (1515–1588) und Friedrich Spee (1591–1635) wollten vor allem Frauen retten, griffen also den Kern der Hexentypisierung an. Dazu Spee: „Es ist sehr wahr, was jüngst der Inquisitor eines großen Fürsten zu prahlen wagte: Wenn unter seine Hände und Tortur der Papst fallen sollte, würde ganz gewiss auch er sich als Zauberer bekennen."

Weyer schätzte beispielsweise die angeblichen Hexen als melancholische Frauen mit Wahnvorstellungen ein, denen man mit Liebe und Nachsicht und keineswegs mit Folter und Feuer begegnen sollte. Er brachte auch das Problem auf einen sehr

unbequemen theologischen Punkt: Wenn Gott das Wetter macht, warum werden Hexen dafür bestraft? Gleichgesinnte prangerten die Hexenverfolgung als Justizmord an. Spee verurteilte die Hexenverfolgung als „unselige Folge des frommen Eifers in Deutschland." Von ihm stammt auch der vernichtende Befund: „Bei diesem Prozess gilt allein, was den Richtern beliebt; sie hüten sich, Priester bei diesem Prozess einzusetzen, die Verstand im Herzen haben, damit ja niemand ins Gefängnis komme, der den Gefangenen guten Rat geben und den Fürsten von dem Geschehen berichten könnte. Denn ihnen ist vor nichts mehr bange, als dass die Unschuld auf irgendeine Weise zutage kommt." Derart radikale Kritik beeindruckte sogar hartgesottene Zeitgenossen, denen naturwissenschaftliche Experimente ohnedies schweres Kopfzerbrechen bereiteten.

Da mussten „Hexen" sich und ihre Fluggeräte mit Hexensalben einreiben, um ihre Flugfähigkeit zu beweisen. Natürlich hob keine vom Boden ab, aber häufig schliefen sie bei diesem Test durch die Inhaltsstoffe in den Hexensalben ein und erzählten hinterher, im Traum davongeflogen zu sein. Naturwissenschafter führten auch ins Treffen, dass nachweisliche Naturgesetze keineswegs von den Launen der Zauberer, Hexen und Teufel abhingen. Vorerst war alles das noch vergeblich, wenngleich der Boden unter dem Hexenwahn zu wanken begann.

Jedenfalls wäre das Grund genug, am Ende dieser Wanderung doch noch in der „Post" auf Tanner anzustoßen.

34 Misslungener Gegenzauber

**Rundwanderung über den Wechsel,
Maria Kirchental, St. Martin und Strohwolln**

Start und Ziel Lofer

Strecke 9 km

Anstieg 400 Höhenmeter

Gehzeit gesamt 3 Stunden

Wir verlassen Lofer westwärts auf der alten Landstraße, überqueren die breite Umfahrungsstraße, streben auf ihrer linken Seite dem steilen Wald des Rauchenbergs zu, passieren eine Kneipp-Anlage und schwenken nach 150 Metern links in die Wilhelminenpromenade ein, auf der wir um den Rauchenberg südwärts in das breite Loferer Hochtal und zu einer Weggabelung kommen. Hier wählen wir den markierten Weg nach links bergan zum Wechsel, einer Scharte, von der wir südwärts in den zauberhaften Kessel von Maria Kirchental absteigen. Hier liegt alles vereint, was zu einer Wallfahrt gehört: Ein Gotteshaus mit wundertätigem Gnadenbild, ein Haus für den Seelsorger, ein Wirtshaus für den irdischen Durst und ein Laden mit frommen Andenken für jedes Gemüt.

Die Wallfahrt entstand um eine Madonnenstatue, die beim Umbau der Pfarrkirche von St. Martin übrig geblieben war.

PINZGAU

Deshalb zierten Waldarbeiter mit dieser Figur 1689 ihre „Holzknecht-Kapelle" im Hochtal. Im Jahr darauf begann die hölzerne Madonna zu weinen. Das löste wachsenden Zulauf von Gläubigen aus. Sogar Fürsterzbischof Johann Ernst Thun pilgerte hierher und stiftete unter dem Eindruck dieses Wunders eine Summe im heutigen Geldwert von 5,8 Millionen Euro für den Bau der Wallfahrtskirche, die der berühmte österreichische Barockbaumeister Bernhard Fischer von Erlach so großzügig dimensionierte, dass man sie auch „Pinzgauer Dom" nennt.

Die Bedeutung dieser Wallfahrt ist daran abzulesen, dass im 18. und im 19. Jahrhundert jährlich bis zu 50 000 Pilger aus Tirol, Bayern, Ungarn und Kärnten hierher strömten. Noch heute pilgern viele Wallfahrergruppen nach Kirchental,

Hexensabbat auf dem Blocksberg.

besonders bei der farbenprächtigen „Pinzgauer Wallfahrt" am Nationalfeiertag (26. Oktober).

Nun steigen wir auf dem Pilgersteig (nicht auf der Fahrstraße) in mehreren Kehren die 250 Höhenmeter hinunter nach

St. Martin, dem man auf den ersten Blick den Rang des vielleicht schönsten Salzburger Kirchdorfes nicht ansieht. Erst die aufmerksame Umschau weckt das Staunen darüber, dass und wie man heimische Bausubstanz und zeitgemäße Lebensqualität kombinieren kann.

Der Weiterweg auf der alten Dorfstraße südostwärts zur Saalachbrücke führt am schmucken alten Haus der bayerischen Saalforste vorüber. Bayern erhielt einst wegen eines haarigen Grenzproblems ausgedehnte Pinzgauer Wälder im Raum Lofer/Weißbach für die Reichenhaller Salinen. Der Halleiner Salzbergbau auf dem Dürrnberg stieß nämlich unterirdisch immer wieder nach Bayern vor. Für die Kompensation mit den Saalforsten verzichtete Bayern auf die unterirdische Grenze im Salzbergbau zugunsten der Salzburger – und niemand ahnte, dass der Salzbergbau gegen Ende des 20. Jahrhunderts mangels Gewinn eingestellt würde.

Wir überqueren die Bundesstraße und die Saalach. Hier halten wir ob eines scharfen Kontrasts inne: Droben im Hochtal das Heiligtum der Mutter Jesu – eine christliche Apotheose der Frau – und hier der Schauplatz eines Zwischenfalls mit Hexen – dem schlimmstmöglichen christlichen Zerrbild der Frau. Da wollte nämlich ein junger Bauer aus Strohwolln unter den Loferer Weiberleuten jene heimliche Hexe herausfinden, die sich mit dem Teufel eingelassen hatte. Zu diesem Zweck bastelte er nach uraltem Rezept sehr kunstfertig aus verschiedenen Hölzern ein Hexenstühlchen. Dafür darf man nur Holz verwenden, das in der Walpurgisnacht gesammelt und in der

Thomasnacht allein mit der linken Hand zugeschnitten wird. Vor der Christmette wollte sich also der Bauer neben dem Kirchenportal auf dieses Stühlchen setzen. Wer nämlich auf so einem Wunderding sitzt, kann jede Hexe erkennen. Allerdings muss der Besitzer so eines Stühlchens einen Weidenstock mit einem geweihten Palmbuschen als Waffe mit sich führen und aufpassen, dass sein Weg zur Mette nicht fließendes Wasser kreuzt. Doch unser Hexendetektiv vergaß diese Regel und überquerte auf der Stohwollner Brücke die Saalach. Urplötzlich fiel ihn ein Schwarm Hexen an, geführt von einer Oberhexe, die auf einem Schwein ritt. Die Hexen entrissen dem Mann das Hexenstühlchen und verprügelten ihn trotz heftiger Gegenwehr mit dem geweihten Palmbuschen derart, dass er gerade noch mit dem Leben davonkam.

In unserer hexenfreien Zeit wandern wir unbeschwert weiter durch Strohwolln und dann am rechten Ufer der Saalach, überqueren die Scheffsnother Brücke und steuern geradewegs auf den schönen Ortskern von Lofer zu.

Durchaus sinnig wäre es, diesen Ausflug am „Hohen Frauentag" (15. August) morgens mit dem Kirchgang einzuleiten. Denn zu diesem Hochfest Mariens erhalten Blumenbuschen in der Pfarrkirche die „Kräuterweihe". Derart Geweihtes im Haus angebracht, schützt vor Unwetter und das Vieh vor Krankheit. Zum Glück müssen wir damit nicht mehr Schadenszauberer und Hexen abwehren. Denn wer weiß, wie das ausginge, wenn wir die Schlägerei an der Strohwollner Brücke als Elle nehmen.

PINZGAU

Sau, Hexe und Richtstätte

**Rundwanderung oder Radrundfahrt
von Saalfelden über Almdorf und Ruhgassing**

Start   Pfarrkirche Saalfelden

Strecke 10 km

Gehzeit 2,5 Stunden zu Fuß

Fahrzeit 1 Stunde mit dem Rad

Von der Pfarrkirche in Saalfelden wandern oder radeln wir südostwärts über den Florianiplatz und auf der Farmachstraße zur Grünhäusl-Siedlung und folgen der Markierung Nr. 4 (Radweg) geradeaus rund 300 Meter weiter zur Taxaukapelle. Hier trug sich vor langer Zeit Gespenstisches zu.

Da rannte stets am späten Abend eine brennende Sau über die Taxau, wühlte im Boden und verschwand im Wald. Die Menschen befiel Gruseln, weil jedes Jahr ein Haus niederbrannte – offenkundig von der Sau angezündet. Doch die Sau ließ sich weder mit Gebet noch mit Weihwasser vertreiben. Die Bauern vermuteten daher in diesem wilden Tier einen bösen Geist oder eine unerlöste Seele. Sie beschlossen, eine Kapelle just dort zu bauen, wo die brennende Sau immer im Boden wühlte. Und siehe da, mit einem Mal endete das gespenstische Treiben der Sau ebenso wie die Brandstiftungen.

Wir folgen der Markierung Nr. 4 weiter, überqueren nach etwa 700 Metern die Urslau und bei einer Bushaltestelle die Almer Straße und setzen den Weg geradeaus nach Almdorf fort. Die im Halbrund angeordneten Höfe zählen zum Besten, was in Salzburg an bodenständigem Charakter bewahrt blieb. Einst hatte allerdings in Almdorf eine Hexe ihre bösen Finger im Spiel. Vier Bauern missriet einfach alles. Kälber, Ferkel und Fohlen gingen gleich nach der Geburt ein und Milch wurde im Rührkübel nicht mehr zu Butter.

Hingegen gedieh beim Moßhamer alles prächtig. Immerhin arbeitete auf seinem Hof eine ausnehmend tüchtige Dirn. Genau auf diese hatte der Melker Jackl sein Auge geworfen, die Dirn sollte mit ihm auf die Alm gehen.

Die beiden einigten sich und gingen – wie damals üblich – vor dem Almauftrieb nochmals zu Beichte, Messe und Kommunion. Auf dem Weg zur Kirche bat die Dirn den Jackl, den

Beichtstuhl nicht von der rechten Seite zu betreten, weil es ihr sonst schlecht ginge. Zur Beichte kam der Jackl jedoch so an die Reihe, dass er den Beichtstuhl von rechts betreten musste. Er dachte sich nichts dabei – bis er zur Kommunionbank schritt und die Dirn sich an seine Seite stellte. Sie trug plötzlich Strohzöpfe und Holzschuhe. Da fiel es dem Jackl wie Schuppen von den Augen: Das war die Hexe, die dem Moßhamer Glück und seinen Nachbarn Schaden anzauberte. Und diese Hexe bedrohte ihn nach der Messe noch dazu mit erhobenem Zeigefinger. Daraufhin verlor der Jackl die Orientierung. Er wanderte beinahe endlos dahin und sank schließlich erschöpft neben dem Weg ins Gras. Zum Glück sprach ihn ein Mann an. So konnte der Jackl erfragen, dass er in Hinterglemm sei. Das löste den Hexenbann und der Jackl fand wieder nach Hause. Die hexerische Dirn war spurlos verschwunden und den Nachbarn des Moßhamer gedieh wieder alle Arbeit nach Wunsch. Den Jackl aber schockte dieses Erlebnis derart, dass er ledig blieb.

Uns geht die Orientierung nicht verloren, denn zu unserem nächsten Ziel führt ein Fahrweg südwestwärts aus Almdorf (Markierung Nr. 20) knapp 3 Kilometer weit durch die Weiler Hof und Deuting nach Ruhgassing, das der „Galgengraben" durchzieht. Auf dem Feld südlich dieses Weilers befand sich zur Zeit der Zauberer-Jackl-Hysterie die Richtstätte des Pfleggerichts Saalfelden. Die Bauern von Ruhgassing mussten sie für einen mageren Steuernachlass instand halten. Erst später verlegte der Pfleger die Richtstätte nach Pabing.

PINZGAU

In Ruhgassing endete 1585 die Bettlerin Magdalena Heiß als Hexe. Seit 1581 hatten schwere Gewitter den Pinzgau heimgesucht. Das Volk vermutete dahinter Wetterzauber von Hexen und appellierte an den Erzbischof, doch mit aller Härte durchzugreifen, immerhin zerstöre die Wettermacherei die Lebensgrundlage der Bauern. 1678 und 1681 wurden hier zwei einheimische Bettler wegen angeblichen Schadenszaubers enthauptet und hinterher verbrannt.

Wir wandern nun nordwestwärts weiter nach Letting, drehen nach links ab zur Kreuzung in Bsuch, schwenken nach rechts durch den Kollingwald und halten bei der „Abschiedskapelle" gegenüber dem Ritzensee inne. Diese Kapelle ließ eine Bäuerin 1732 errichten, weil sie hier von ihrem Mann Abschied nehmen musste. Er war einer von mehr als 20 000 Salzburger Protestanten, die des Landes verwiesen wurden, weil sie ihren Glauben nicht aufgeben wollten.

Von hier brauchen wir zu Fuß noch eine Viertelstunde für die Rückkehr zum Ausgangspunkt.

Rundwanderung von Saalfelden/Obsmarkt über Schloß Lichtenberg und die Einsiedelei

Anstieg   250 Höhenmeter

Gehzeit   gesamt 1,5 Stunden

Als Ausgangspunkt wählen wir die evangelische Friedens-kirche an der Palfenstraße im Stadtteil Obsmarkt. Neben der Kirche erinnert nämlich ein Gedenkstein an den geborenen Saalfeldner Franziskaner Georg Scherer, der 1525 den Orden wegen internen Streits und „gleissnerischen Lebens" verließ und in Radstadt Luthers Lehre verkündete. Deshalb wur-de er 1528 verhaftet und zum Tod durch das Schwert verur-teilt. Er wird als evangelischer Märtyrer verehrt. 1732 wurden 20 000 Protestanten, ein Sechstel der Salzburger Bevölkerung, des Landes verwiesen. Sie mussten ihre Kinder bei katholischen Familien zurücklassen. 1966 bat Salzburgs Erzbischof Andreas Rohracher die evangelische Gemeinde in der Salzburger Chris-tuskirche um Verzeihung für die Gräuel der Vertreibung.

Wir wandern auf der Palfenstraße zur Lichtenbergstraße und steigen durch den Schulkomplex zum Schloss Lichtenberg auf. Es diente vom hohen Mittelalter bis in das 18. Jahrhundert als Sitz des Pflegers sowie als Gericht und Gefängnis. 1872 ersteigerte ein Privatmann den zunehmend verfallenden Bau und erneuerte ihn mit beträchtlichem Aufwand gründlich.

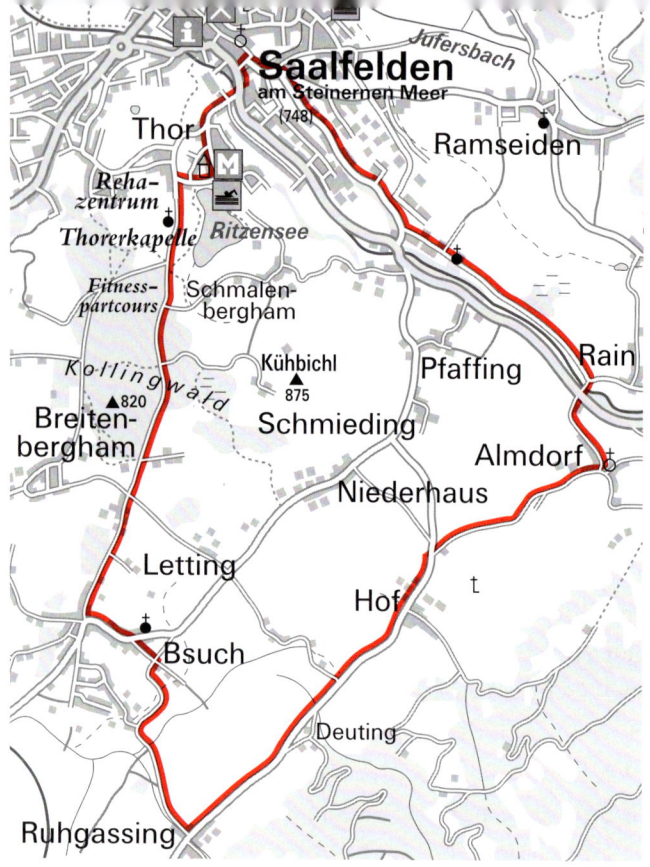

Obwohl die Seuche des Hexenwahns im Pinzgau weitaus
am heftigsten von allen Salzburger Gauen wütete, kamen die
Menschen im Pfleggericht Saalfelden überraschend glimpflich davon. Von der zaubernden Hexe Amasserin kennen wir
lediglich das Todesurteil aus dem Jahr 1565. Zur gleichen Zeit
nahm das Pfleggericht Mittersill Magdalena Paldimwald aus
Bramberg wegen Schadenszaubers, Wettermacherei und Teufelsbuhlschaft in peinliches Verhör. Unter Folter nannte sie

unter mehreren zauberischen Komplizinnen auch Magdalena Heiß aus Saalfelden und beschrieb sie so: Entstelltes Gesicht, weil ihr beim Holzziehen ein Prügel die Nase und den Kiefer eingeschlagen hatte. Heiß habe sechs Schadengewitter gezaubert. Heiß, die Paldimwaldin und zwei andere Frauen hätten im Gemeindestadl den Teufel getroffen und mit ihm über Zauberei geredet. „Der Böse hat gesagt: Sie gehen viel zu gern in die Kirchen und zum Beten. Wenn sie das nicht mehr tun und kein Evangeli mehr hören und sich nicht mehr beräuchern und mit Weihwasser besprengen ließen, wolle der Böse sie noch mehr lehren." Die arme Frau Heiß brach nach langer Folter auf Schoss Lichtenberg schließlich zusammen und gestand Wetterzauber. Damit bekam das Volk seinen „Schädling", Heiß wurde in Ruhgassing lebendig verbrannt. Das gleiche Urteil ereilte auch die Paldimwaldin in Mittersill.

Drei Jahre später wertete die Salzburger Diözesansynode die Künste der Zauberer und Hexen als Einbildung. Wer immer von Hexereien erfahre, müsse das dem Bischof melden, damit er sich in Liebe der Beschuldigten annehme und sie bekehre. Nur Unverbesserliche sollten der Justiz überantwortet werden. Allerdings überwand Vernunft nicht den Hexenwahn.

Von Schloss Lichtenberg steigen wir nun zehn Minuten über 80 Höhenmeter hinauf zu Österreichs einziger Einsiedelei auf dem Palfen, einem uralten Begriff für Höhle, überhängenden Fels oder Felsstufe. In dieser Höhle verehrten die Menschen seit 1558 ein Bildnis des heiligen Märtyrers Georg, der als römischer Offizier eine jungfräuliche Königstochter vor einem

PINZGAU

Drachen gerettet und das Untier getötet hat. Deshalb zählt er zu den „Wurmheiligen". Damit befreite er das Land von dem Bösen. Georg wurde 303 als Christ enthauptet.

1664 wurde für Georgs Bild eine Kapelle und nebenan die Einsiedelei gebaut. Seither müssen die Einsiedler Wasser im Schloss Lichtenberg holen und in der Klause bis heute ohne Strom ein eher spartanisches Leben führen. Sie betreuen aber auch die Palfen-Pilger und sind als Gesprächspartner sehr geschätzt.

Der heilige Georg zählt zu den 14 Nothelfern, er schützt unter anderem gegen Kriegsgefahr, Fieber und Pest und ist Patron der Spitäler, des Viehs und der Feuerwehr.

Beim prächtigen Rundblick von der Einsiedelei nehmen wir das Feld jenseits der Bundesstraße bei Pabing in den Blick. Hier stand ab Mitte des 18. Jahrhunderts die Richtstätte. Der Galgen sollte Passanten klar machen, was ihnen für Hexerei und andere Verbrechen blühte. Hier starben Opfer des Hexenwahns und während des Zweiten Weltkrieges auch Opfer des Rassenwahns.

Da mussten einmal in der Landwirtschaft beschäftigte polnische Kriegsgefangene antreten, um der Exekution eines ihrer Kameraden beizuwohnen. Der Mann hatte trotz strengsten Verbots mit einer Pinzgauerin sexuellen Verkehr. Auf diese „Rassenschande" stand für „ostische Untermenschen" unwiderruflich der Tod am Galgen.

Wir wandern mit einer Gänsehaut jetzt nordwärts in den Bachwinkel hinunter und von dort südwärts zurück nach Obsmarkt.

PINZGAU

Hexenkunst durch Drogen

Im 15. Jahrhundert mehrten sich Vorschläge, die angebliche Macht der Hexen zu nützen. So lobte etwa 1489 der Tiroler Erzherzog Sigismund einen Satz aus dem Hexentraktat des Konstanzer Juristen Ulrich Molitor: „Gäbe es Hexen, dann müsste kein Fürst eine Armee unterhalten. Er müsste nur eine Hexe an der Grenze postieren, damit sie das feindliche Land durch Hagel verwüstet."

Weil Hexen unter Folter gestanden, noch in Haft mit dem Teufel Sex zu haben, fragten kritische Geister, warum denn der Teufel Hexen nicht aus der Haft befreie und vor der Folter bewahre.

Während der Türkenbelagerung Wiens 1683 tauchte der Vorschlag auf, Hexen sollten sich mit Flugsalbe einreiben und „Luftaufklärung" über den türkischen Truppen leisten. Sie könnten die Türken auch mit angezauberter Pest vernichten und den Wienern Nahrung herbeizaubern.

Diese Ideen scheiterten am Verbot, sich mit Hexen einzulassen, weil Hexerei ja nur durch ein Bündnis mit dem Teufel möglich war.

Gelegentlich zwangen Hexenrichter angeklagte Frauen, Zeugen einen „Hexenflug" vorzuführen. Die Frauen schmierten sich also mit „Flugsalbe" ein, legten sich auf ein Bett, sanken sehr schnell in unruhigen Schlaf und schlugen dabei derart um sich, dass sie manchmal aus dem Bett fielen. Nach Stunden erwachten sie und behaupteten, zu einem Hexensabbat geflogen zu sein.

Des Rätsels Lösung: Flug- und Hexensalben bestanden unter anderem aus Fett, angereichert durch halluzinogene Pflanzen: Nachtschatten macht schläfrig, das Morphin des Mohns betäubt und das Conin des Schierlings vermittelt das Gefühl zu fliegen. Als Verstärker dienten die Alkaloide der Mandragora sowie das Atropin der giftigen Tollkirsche und des Bilsenkrauts. Diese Gifte wecken Halluzinationen und Ängste, von Gespenstern verfolgt zu werden. Wichtigste Beigabe der Hexensalbe war das Alkaloid des hochgiftigen Stechapfels, das Sinnestäuschungen, erotische Träume sowie sexuelle Erregung hervorruft.

Die Hexenjäger hätten also wissen können, dass erfolterte Geständnisse von Flügen zu Orgien nur Folgen von Drogenkonsum waren.

Hoch über Hexen und Geistern

**Panorama-Wanderung in Saalbach
vom Schattberg-Ostgipfel (2 018 m)
zum Saalbachkogel (2 091 m) und zurück**

Anstieg   insgesamt 550 Höhenmeter
Gehzeit   3 Stunden

Von Saalbach fahren wir mit der Seilbahn auf den Schattberg (www.saalbach.com) und machen uns gleich auf den Weg westwärts leicht ansteigend zum weithin sichtbaren Kreuz auf dem Westgipfel. Auf diesem großartigen Ausguck betreiben wir etwas Zauberei-Geografie.

Direkt vor uns im Westen steht der Zwölferkogel, knapp links an seinem Gipfel vorbei erkennen wir den 10 Kilometer entfernten Schusterkogel und in der Sichtlinie zwischen diesen beiden Bergen sticht der 25 Kilometer entfernte felsige Rettenstein (2 362 m) ins Auge. 1,4 Kilometer links (südlich) des Schusterkogels ist der ebenfalls felsige Kopf des Gaißsteins (2 363 m). Nochmals links des Gaißsteins erkennen wir die Furche des Salzachtales. Ungefähr so weit weg wie der Rettenstein liegt dort im Salzachtal Bramberg, dessen Pfarrer Ramsauer mit seiner Haushälterin Neideggerin 1575 wegen Wetterzaubers in Mittersill hingerichtet wurde.

PINZGAU

Jetzt wenden wir uns nordwärts und nehmen Saalbach in den Blick. Dort betreute Pfarrer Ramsauer nämlich bis 1555 eine kleine Herde abergläubischer Schäfchen. In jenem Jahr ließ sich der annähernd 60-jährige Ramsauer nach Bramberg versetzen und seine etwas jüngere Haushälterin Neideggerin folgte ihm dorthin.

Alsbald schlich ein bösartiges Wort durch das Glemmtal: Kaum ist der Pfarrer samt Köchin weg, lassen auch schon die Unwetterschäden nach. Offensichtlich kroch dieses Geraune auch nach Bramberg. Und weil die auffällige Zunahme von Flurschäden durch Gewitter einer Begründung bedurfte, ka-men Pfarrer und Köchin ins Gerede – bis das von den Schlägen

der Natur besonders hart betroffene Bauernvolk das Eingreifen der Obrigkeit forderte. Die Nachricht von der Hinrichtung des Pfarrers und seiner Köchin erreichte auch Saalbach. Dort wollte nahezu jeder „schon immer" gewusst haben, dass die beiden Unwetter gezaubert hätten.

Wir setzen unsere Höhenwanderung südwärts in eine Senke fort, steigen auf dem Rücken kurz an zum Stemmerkogel, dann 160 Höhenmeter abwärts in eine Scharte und nochmals über 130 Höhenmeter auf dem Kamm hinauf zum Kreuz auf dem Saalbachkogel. Über den Südwestkamm gehen wir zu den Hackelberger Seen hinunter, wenden uns nordwärts und folgen dem markierten Weg Nr. 764 westseitig am Saalbachkogel und am Stemmerkogel vorbei und schließlich südseitig um den Mittelgipfel herum zur Seilbahnstation.

Zum Abschluss dieses schönen Tages besuchen wir erst noch die Saalbacher Pfarrkirche und dann die Totenkapelle, um einen Blick auf die armen Seelen zu werfen, die im Fegefeuer büßen. Damit ist der Zusammenhang mit dem Friedhof hergestellt: Gottesacker für die Verstorbenen, deren Grabesruhe niemand stören darf – es sei denn, er wollte sich mit Geistern anlegen.

Und genau das wollte einst ein Saalbacher für einen verlockenden Preis. Wer nämlich in einer der Raunächte zwischen Weihnachten und Dreikönig während der Geisterstunde einen Schlitten rund um die Kirche durch den Friedhof zieht, bekommt für sein Lebtag reichlich Geld und Gut. Doch bei Glockenschlag eins muss er den Friedhof beim Eingangstor verlassen haben, andernfalls ergeht es ihm übel.

Der Saalbacher, ein bärenstarker Lackl, machte sich mit einem Holzzieh-Schlitten auf diesen unheimlichen Gang. Kaum im Friedhof, huschten aus jedem Grab Geister und setzten sich auf den Schlitten. Der Mann zog aus Leibeskräften an der wachsenden Last; die Gespensterfuhre versetzte ihn in Todesangst. Mit einem Mal griffen die Gespenster nach dem Schlittenzieher und verkrallten sich in sein Gewand – und da setzte das Uhrwerk im Turm schon

zum Schlag eins an. In höchster Not riss sich der Mann vom Schlitten und seinem Rock los und rannte mit letzter Kraft grade noch aus dem Friedhofstor hinaus.

Anderntags wunderten sich die Leute, dass sie auf jedem Grab ein Fetzchen eines Rockes und ein Holzstückchen von einem Schlitten fanden. Und weil sich der Schlittenzieher nicht mehr in den Friedhof traute, war das Rätsel bald gelöst: Hätte der Mann nicht mit knapper Not noch das Friedhofstürl erwischt, dann wäre er für seine Begehrlichkeit in tausend Stücke zerrissen worden. Hieraus zogen etliche Saalbacher den mittlerweile wieder vergessenen Schluss, dass es gescheiter sei, arm und gottgefällig lang zu leben als reich und jung im Fegefeuer zu dunsten.

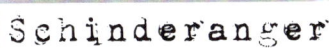
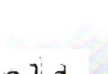

Schinderanger
und Abdeckerfeld

**Wanderung halb um den Zeller See
und auf dem Maishofener Höhenweg**

Start   Zell am See

Ziel   Thumersbach

Strecke   8 km

Anstieg   250 Höhenmeter

Gehzeit   2,5 Stunden

Ehe wir diese Wanderung in Zell am See auf dem dreieckigen Stadtplatz beginnen, betreten wir die Pfarrkirche zum Heiligen Hippolyth. An ihren massigen Treppengiebelturm schließt sich eine romanische Pfeilerbasilika mit gotischem Chor und großartiger Wandmalerei aus dem 14. und 15. Jahrhundert an.

An der Langseite des Stadtplatzes residiert die Bezirksbehörde. Erzbischof Wolf Dietrich ließ dieses Gebäude im Jahr 1600 adaptieren, damit der Pfleger des Pinzgauer Zentralraumes von Schloss Kaprun an einen besseren Standort übersiedle. Hier konnte die Obrigkeit den blühenden Handelsverkehr über die Tauern nach Süden besser kontrollieren und die „Schwärzer" auf dem Schleichweg durch Thumersbach leichter abfangen. Damals dauerte die mühselige Reise nach Salzburg auf elendigen Karrenwegen zwei Tage und eine Nacht.

Diese miserable Kommunikation erklärt auch die Bedeutung und Verantwortung eines Pflegers als fürsterzbischöflicher Statthalter auf dem Land: Er war so etwas wie ein Bezirkshauptmann, Bezirksrichter und (zeitweise) Bezirks-Militärkommandant in einer Person.

In der Keuche dieses Gerichts schmachteten etliche Zauberer und Hexen der Überstellung nach Salzburg entgegen. Der Erzbischof delegierte nämlich nur selten die Blutgerichtsbarkeit vom Hofrat in der Hauptstadt an einen Pfleger. Doch die horrenden Kosten der Hexenjagd zur Zeit des Zauberers Jackl rieten zum Sparen. Und so kam Zell zu einer Ehre, die es nur mit Mittersill und Moosham im Lungau teilt: Prozesse und

Vollstreckung von Todesurteilen. Salzburg schickte allerdings einen Kommissar mit genauen Anweisungen, damit das Verfahren richtig ablaufe, und einen Henker, um eine professionelle Hinrichtung zu sichern.

Da jeder Delinquent auf seinem letzten Weg von einem Priester begleitet wurde, erbat der Pfarrer von Zell zwei Franziskaner aus Salzburg. Opfer waren drei Bettelbuben aus dem Tross des Zauberers Jackl. Sie erzählten, der Jackl habe sie einmal unterwegs eingeholt und gelehrt, wie man das Hexereiwerkzeug Katzen, Mäuse und schwarze Vögel schnitzt. Dann habe er sie noch mit seinem Messer „gemärkt". Nach fünfmonatigem Verfahren wurden sie wegen Minderjährigkeit im September 1678 erdrosselt statt lebendigen Leibes verbrannt. Das Urteil fiel vor dem staunenden Volk auf dem Stadtplatz. Dann wurden die gefesselten Delinquenten auf Karren gebunden und nordwärts zum Richtplatz gefahren.

Wir machen uns ebenfalls dorthin auf den Weg, allerdings unter der Eisenbahn hindurch und auf der Seepromenade zwischen Gleisen und Wasser. Zu einer Zeit, da kaum jemand schwimmen konnte und niemand vom Sonnengrill an einem Badestrand auch nur träumte, kam das Seeufer gegen das technische Wunderding Eisenbahn nicht auf. Die Verkehrsplaner wollten die Eisenbahn am Ostufer des Sees durch Thumersbach führen. Zell aber setzte Himmel und Hölle in Bewegung, um die Bahn an das Westufer und den Bahnhof möglichst nahe an den Ortskern zu ziehen. Das gelang 1875 tatsächlich. Mit der Trennung der Stadt vom Seeufer findet

sich Zell allerdings in der noblen Gesellschaft berühmter Ferienorte an der Riviera und an den Schweizer Seen.

300 Meter nördlich des Friedhofs halten wir an einem schattigen Delta an. Jenseits der Bahn fällt neben dem Seewirt eine Siedlung in einer steilen Geländebucht auf. Vor dem Bau der Siedlung war hier der Abdeckeranger, auf dem der mittlerweile längst von der Müllabfuhr abgelöste „Abdecker" Tierkadaver sowie Abfall von Metzgern und Gerbern entsorgte. Deshalb war sein schmutziges und stinkendes Gewerbe auch „unehrlich", also auch nicht zunftfähig. Abdecker standen auf der sozialen Leiter ganz unten – nach den Henkern, aber noch vor den Bettlern und ohne jede Chance auf sozialen Aufstieg. Auch der Zauberer Jackl entstammte einer Abdecker-Familie.

Hingerichtete fielen teilweise ebenfalls in die Kompetenz der Abdecker. Das hieß unter anderem das Verscharren Exekutierter, das Aufstecken von Köpfen auf Lanzen oder das Abnehmen von wochenlang zur Schau gestellten in das Rad geflochtenen Leichen.

Es lag also in der Natur der Sache, dass sich der Abdeckeranger somit vorzüglich als Richtstätte eignete. Hier endeten manchmal auch Übeltäter wegen der klassischen todeswürdigen Verbrechen Tötung, Diebstahl und Notzucht. Und deshalb hieß dieser gruselige Ort auch Schinderanger, obwohl Schinder nur ein anderer Begriff für Abdecker ist.

Wir setzten unsere Wanderung ein kurzes Stück entlang des Nordufers des Zeller Sees fort, biegen nach links (nordwärts) in die Hofmannsthalstraße zum Schloss Prielau ab und wandern

auf der Straße in weitem Bogen durch Point nach Mayrhofen am Fuß der Schwalbenwand. Hier folgen wir der Markierung Nr. 58 (auch 25 b), die uns südwärts 2 Kilometer leicht ansteigend nach Reith führt, einem grandiosen Aussichtspunkt gut 200 Meter oberhalb des Sees. Es folgt der Abstieg nach Thumersbach und zur Anlegestelle des Bootes, das uns nach Zell zurückbringt.

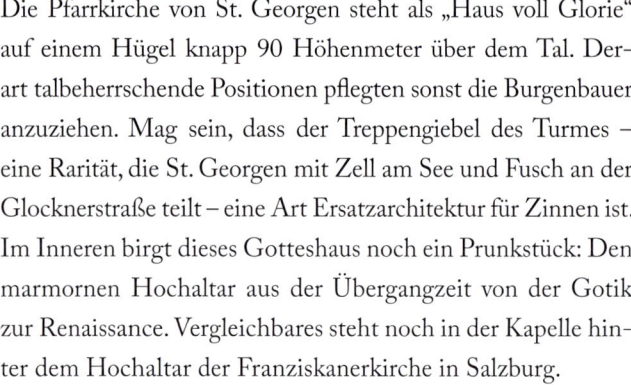

Rundwanderung

Start und Ziel Pfarrkirche St. Georgen
im Pinzgau

Anstieg insgesamt 400 Höhenmeter

Gehzeit 3 Stunden

Die Pfarrkirche von St. Georgen steht als „Haus voll Glorie"
auf einem Hügel knapp 90 Höhenmeter über dem Tal. Derart talbeherrschende Positionen pflegten sonst die Burgenbauer
anzuziehen. Mag sein, dass der Treppengiebel des Turmes –
eine Rarität, die St. Georgen mit Zell am See und Fusch an der
Glocknerstraße teilt – eine Art Ersatzarchitektur für Zinnen ist.
Im Inneren birgt dieses Gotteshaus noch ein Prunkstück: Den
marmornen Hochaltar aus der Übergangzeit von der Gotik
zur Renaissance. Vergleichbares steht noch in der Kapelle hinter dem Hochaltar der Franziskanerkirche in Salzburg.

Auf dem engen und abschüssigen Raum rings um die Kirche gab es nebst dem Pfarrhof nur Platz für die Verstorbenen und die Durstigen – im behäbigen Kirchenwirt unterm
Friedhof. Dieser Wirt steht nachmittags im Schatten einer
mächtigen Linde, die an ein düsteres Kapitel der Salzburger
Landesgeschichte erinnert, nämlich an die Vertreibung von
rund 20 000 Protestanten durch Fürsterzbischof Firmian. Zu
diesen ebenso standhaften wie bedauernswerten Menschen

PINZGAU

180

gehörte auch der Kirchenwirt Embacher, der an seinem letzten Tag in der Heimat 1732 diese Linde pflanzte.

Wir lenken nun die Schritte talwärts zur Bundesstraße, folgen dieser 500 Meter weit westwärts bis zum Glemmerwirt, überqueren dort Bahn und Salzach und biegen nach rechts in den Tauernradweg ein. Hier fällt links etwas erhöht vor einer Baumreihe ein klassischer Pinzgauer Bauernhof auf, der Holznerbauer, der ein Foto wert wäre. Nach knapp 500 Metern überqueren wir einen mageren Bach und folgen der Markierung 738 nach links bergan zum Niederhof.

Hier lebte die Bäuerin Agnes Pühlerin in Zank mit Stiefsohn und Schwiegertochter. Beide warfen der Frau vor, Milchzauber zu betreiben, weshalb sie bald sterben müsse. Aus Angst flüchtete die Pühlerin nach Tirol, wurde aber bei ihrer heimlichen Rückkehr 1579 in Mittersill wegen des Verdachtes der Hexerei geschnappt. Die Frau argumentierte, dass sie nur Gegenzauber zum Schutz des eigenen Hofes betreibe: Misslinge

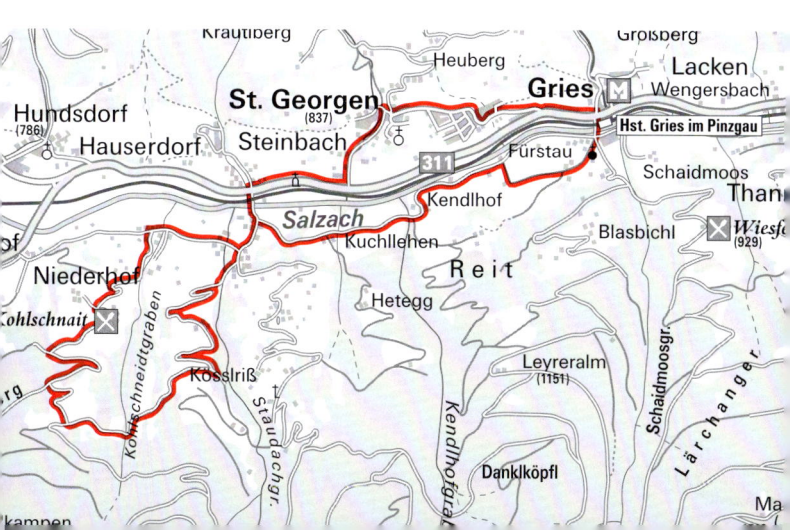

das Buttern, dann hebe man von den dafür Verdächtigen drei Trittspuren auf und werfe sie ins Feuer. Ebenso helfe, mit erhitztem Messer in den Rührkübel zu stoßen. Das Gericht befand, dies sei nicht Zauberei, sondern Rettung – gleichwohl aber riskante Magie, die durchaus für Schadenszauber zu missbrauchen sei. Also wurde die Pühlerin des Landes verwiesen.

Vom Niederhof steigen wir nun an der Jausenstation Kohlschnait vorüber bergan, bis uns auf Höhe 1100 Meter ein nicht markierter Forstweg in die Quere kommt. Wir folgen ihm ostwärts bergab durch einen Graben etwa 600 Meter weit und münden dann auf einem breiten Rasenrücken in einen Güterweg, der uns im Zickzack talwärts leitet. Die Aussicht ist ebenso prächtig wie ungewohnt. Denn die meisten Wanderwege durchziehen im Innergebirg die Sonnseiten, von denen aus man jenseits der Täler vorwiegend bewaldete Schattseiten sieht.

Gegenüber dem Glemmerwirt stoßen wir wieder auf den Tauernradweg und folgen ihm flussabwärts. Nach 1 Kilometer passieren wir den Kendlhof, den Schauplatz einer sonderbaren Geschichte, die wir in Route 40 noch genau unter die Lupe nehmen werden. Abermals einen Kilometer flussabwärts überqueren wir Salzach und Bahn nach Gries und kehren leicht ansteigend zurück zum Parkplatz beim Kirchenwirt.

PINZGAU

Im Tal der Wölfe

Start	Taxenbach
Ziel	Kendlhofalm im Wolfbachtal
Anstieg	500 Höhenmeter
Strecke	6 km
Gehzeit	3 Stunden (Rückweg: 2 Stunden)

Von Taxenbach fahren wir auf der Rauriser Landesstraße südwärts über die lange Brücke und knapp 1 Kilometer bergan bis
zur Linkskehre, biegen dort ab in den Fahrweg am Skilift vorüber durch den Weiler Höf, überwinden mit zwei Kehren zügig
100 Höhenmeter, erreichen schließlich den Wald und biegen
langsam südwärts in das eher stille Wolfbachtal ein. Auf Höhe
1200 Meter stellen wir den Pkw vor dem Schranken ab und
wandern nun noch eine scharfe halbe Stunde bis zum lang-
gestreckten Kessel mit fünf „Voralmen" auf rund 1300 Meter
Höhenlage. Diese „Voralmen" liegen rund 400 Höhenmeter
niedriger als die „Hochalmen", auf denen das Frühjahr später beginnt und der Winter früher hereinbricht. So nützen die
Bauern seit etwa sieben Jahrhunderten die längere Vegetationsperiode der „Voralmen" als zwei- bis vierwöchige Zwischensta-
tionen beim Auftrieb zur und beim Abtrieb von der Hochalm.
Wenn wir der Taxenbacher Chronik glauben dürfen, dann war
das Almleben einst lange nicht so unbeschwert wie heute. Der
Chronist notierte nämlich, dass „die Wölf und Luchsen von

dem Thauergebürg seit unvordenklichen Zeiten den Bauern schweren Schaden gethan". Deshalb hätten die Pinzgauer jährlich einen Bittgang über das Hochtor nach Heiligenblut gelobt. Vermutlich wirkten Gottes Hilfe und die Zielsicherheit der Taxenbacher Schützen zusammen – seither rissen weder Wölfe noch Luchse den Taxenbachern Vieh. Jedenfalls vermutet man in der zehnstündigen „Pinzgauer Wallfahrt", die 3 000 und mehr Menschen an jedem 28. Juni in Ferleiten auf sich nehmen, nicht mehr das fromme Gegengeschäft, das die Gläubigen einst mit einem „guten Geist" (Gott) für den Fall abschlossen, dass sein „heiliger Zauber" die Raubtiere verscheuche und damit die Existenz der Bauern sichere: Eine Pilgerfahrt.

Nach der gut drei Kilometer langen Voralm müssen wir noch eine 200 Meter hohe Geländestufe überwinden – auf markiertem Pfad immer links entlang der Kehren des Almweges – hinauf zur Kendlhofalm. Diese Alm hat ihren Namen vom Kendlhof, dem wir schon auf Route 39 an der Talseite gegenüber von St. Georgen begegnet sind. Und es ist durchaus möglich, dass die Kendlhofbäuerin vor 1676 regelmäßig auf dieser Alm nach dem Rechten gesehen hat – so lange sie das halt noch vor dem angezauberten Beinleiden konnte.

1678 tauchte der Pfleger von Taxenbach mit scharfem Auge und spitzem Stift zu einem Lokalaugenschein im Kendlhof auf. Die „Hexe" Margarethe Oberhauser hatte nämlich auf dem Höhepunkt der Zauberer-Jackl-Hysterie 1678 unter Folter in Salzburg gestanden, der Kendlhofbäuerin „Stupp" gelegt und sie dadurch am Bein „erkrumpt" (verkrüppelt) zu haben.

„Stupp" hieß das Pulver für Schadenszauber. Es stammte vom Teufel oder von „fortgeschrittenen" Zauberern und Hexen, die es aus Fett und gemahlenen Knochen umgebrachter Kleinkinder, dunkler Friedhofserde und zerriebenen Haaren mischten. Und dieses Pulver wurde aus purer Bosheit oder aus Rache von Bettlern wegen verweigerter Almosen in die Nahrung von Mensch und Vieh, in Brunnen und Bäche, auf Weiden oder vor Türen gestreut.

In den Salzburger Hexenprozessen bezeugten Angeklagte, sie hätten vom Teufel schwarzes Stupp erhalten und an Kühe verfüttert, die auf der Stelle tot umfielen. Und ein „Zauberbub" aus dem Umfeld des Zauberers Jackl gab an, einem Bauern in

PINZGAU

Hallein weißes Stupp auf den Weg gestreut zu haben, worauf der Mann sofort an einem Bein krumm ging, stürzte und sich am Knie derart verletzte, dass er ständig eine hölzerne Stütze tragen musste.

Die Kendlhoferin berichtete nun dem Pfleger, dass ihr linkes Knie von Jugend auf zeitweise schmerze. Im vorigen Sommer sei ihr beim Wäschewaschen im Bach plötzlich ein Stich durch das ganze Bein gefahren und wochenlang habe sie das Bett hüten müssen. Jetzt könne sie wenigstens am Stock durch die Küche humpeln. Woher und warum sie dieses Unglück befallen habe, wisse sie nicht, aber sie verdächtige niemanden. Auch kenne sie die Oberhauserin nicht, da fast täglich Bettler zum Haus kämen – wiewohl dieses Haus nach dem Urteil des Pflegers „sehr abgelegen" sei.

Diese positive Aussage wog andere „Verbrechen" nicht auf, die Oberhauserin endete durch Erdrosseln. Höchst bemerkenswert ist allerdings, dass „fast täglich" Bettler beim abgelegenen Kendlhof anklopften, denn die Straße verlief nördlich der Salzach von Taxenbach über St. Georgen nach Bruck. Offensichtlich hatte die allgemeine Verelendung nach dem 30-jährigen Krieg eine gewaltige Bettelepidemie ausgelöst.

Besonders lohnt die Wanderung in den großartigen Wolfbach-Talschluss zu Anfang Juli, wenn der Almrausch blüht. Uns bleiben jetzt noch zwei Stunden Marsch zurück zum Pkw. Allerdings unterbrechen wir unsere Rückfahrt noch in Taxenbach. Dort stand auf dem heute verbauten Burghügel zwischen Markt und Salzach das Pfleggericht, das 1872 einem

Brand zum Opfer fiel. Hier also amtete jener Pfleger, der 1678 die „erkrumpte" Kendlhoferin befragt hatte. Sein Gerichtsdiener Virgil Ganghoffer stellte damals auf Befehl aus Salzburg die Kosten zusammen, die zwei elfjährige Zauberbuben „verhafft in Taxenpach" in dreieinhalb Monaten vor der Überstellung nach Salzburg verursacht hatten.

Für seine „Bemiehungen" bei der Festnahme verrechnete Ganghoffer 1 Gulden, für das einfache Verhör 1/4 Gulden, für das Verhör „mit ruethen gezichtigt durch mich" 1/2 Gulden, für neue Schuhe zusammen 1/2 Gulden, für Kostgeld pro Buben und Tag 1/4 Gulden (mit dem Hinweis, dass damit „getraidt, schmalz und dergleichen Victualien" abgedeckt seien), Holz und Licht (Talg) für beide Buben zusammen 7 Gulden und dazu noch eine Reihe Details. Das machte insgesamt 41 Gulden, die Salzburg zahlte, und entspricht annähernd dem Preis einer Milchkuh. Auch Felix Stainer, Kramer in Taxenbach, stellte eine Rechnung für die beiden Zauberbuben: Schwarzes und weißes „rupfes Tuech" samt „hafftl und zwirben" für zwei lange Kittel und „zwo Esschisl" 2 Gulden, Macherlohn für den Schneider 1/4 Gulden – einschließlich der Sonderkosten des Gerichtsdieners mithin rund 43 Gulden. Zum gleichen Zeitpunkt verrechneten 15 der übrigen 21 Salzburger Gerichte (Stadt Salzburg ausgenommem) im Durchschnitt 134 Gulden Kosten für das erste Halbjahr 1678. Das schloss weder Hinrichtungen noch den Justizapparat in Salzburg ein. Der Hexenwahn kam also unglaublich teuer.

Inquisition

Die Inquisition („Untersuchung") entstand im 13. Jahrhundert als Glaubensgericht zur Verfolgung der abtrünnigen Katharer (daher „Ketzer"), Waldenser und Albigenser. Papst Gregor IX. exkommunizierte 1231 Ketzer als Anhänger des Teufels und übertrug die Inquisition den Dominikanern. Die Landesherren mussten unter Androhung von Kirchenbann oder Inquisition die Kerker bereitstellen und von der Inquisition gefällte Urteile vollstrecken.

Die Inquisition wertete Zauberei und Hexerei als Abfall von Gott zum Satanskult und damit als Ketzerei. Sie berief sich auf den Kirchenlehrer Augustinus (354–430), der Aberglauben und Magie auf einen Pakt mit dem Teufel zurückführte: Wer Magie betreibt, erwartet eine physikalisch unmögliche Wirkung, die nur der Teufel hervorrufen kann; dieser ist die Gegenmacht zu Gott.

Die Inquisition veränderte auch die Prozessordnung entscheidend. Nach gängigem Recht begann jeder Prozess mit einer Anklage. Der Ankläger musste dem Beschuldigten offen gegenübertreten und die Wahrheit seiner Behauptung beweisen.

Die Inquisition setzte Ketzern eine kurze Frist zur Selbstanzeige und verhängte über Reuige eine leichte Kirchenbuße. Wer jedoch diese Frist zu bußfertiger Rückkehr nicht nützte, verfiel der Denunziation – einer anonymen Anzeige, die Menschen vor das Glaubensgericht brachte.

Da Denunzierte kaum je Hexerei gestanden, das Geständnis aber Voraussetzung für den Schuldspruch war, setzte die Inquisition die Folter als „Mittel zur Erforschung der Wahrheit" ein. Das Gericht war auf das Geständnis angewiesen, weil es Unwirkliches und Undurchführbares behauptete. Man ging davon aus, dass der gerechte Gott die Bestrafung eines Unschuldigen nicht zulasse. Ertrug der Delinquent nämlich alle Folterqualen ohne Geständnis, dann ging er frei.

Folgerichtig gab es im Inquisitions- und im Hexenprozess weder Verteidigung des Angeklagten noch Berufung oder Gnadengesuch. Der denunzierte Angeklagte war dem Richter schutz- und hilflos ausgeliefert.

41

Hexenküche auf einer Bergsturzhalde

Start	Fusch an der Glocknerstraße
Ziel	Edelweißspitze (2 577 m)
Anstieg	800 Höhenmeter (150 Höhenmeter Abstieg zum Fuscher Törl)
Gehzeit	3 Stunden

Der Verkehr auf der Großglockner Hochalpenstraße erwacht kaum je vor 9 Uhr. Deshalb bietet sich diese Straße am frühen Morgen als vorzüglicher und kühler Wanderweg an. Die rund 3 000 Pilger, die an jedem 28. Juni die zehnstündige Wallfahrt nach Heiligenblut machen, brechen um 6 Uhr in Ferleiten auf. Wenig später setzen sich Dutzende Radler in Bewegung.

Wir starten mit dem Pkw in Fusch und erkundigen uns an der Mautstelle in Ferleiten, wann Bundesbusse vom Fuscher Törl talwärts fahren. Dementsprechend kalkulieren wir mit 4 Stunden Spielraum; schließlich braucht die Seele Zeit zum Baumeln und der Körper Pausen für einen kräftigen Schluck oder eine Jause.

Von der Mautstelle sind es 14 km und 700 Höhenmeter bis zum Parkplatz Hochmais. Dort stellen wir den Wagen ab und wandern knapp 2 Kilometer bis zur Kehre 9. Hier durchschneidet die Straße das Trümmerfeld eines Bergsturzes, das einst die Fantasie beflügelte, die „Hexenküche". Wer sonst vermochte mit solchem Flurschaden ausgerechnet einen Landstrich zu bedrohen, den die Menschen im Mittelalter durch Rodung für die Almwirtschaft gewonnen hatten – das Hochmais. Dieser Flurname wurzelt im mittelhochdeutschen Wort für „roden".

Zwischen den Kehren 9 und 10 verbreiterten Arbeiter 1979 die Straße. Dabei stießen sie in einem Meter Tiefe auf eine rund vier Meter lange Kette. Wissenschafter erkannten sogleich den Verwendungszweck an vier zweiteiligen Ringgliedern, die um den Hals eines Menschen passen: Ketten zum Transport von Häftlingen, gut 300 Jahre alt und nach den Spuren starker Abnützung zu schließen von langem Gebrauch verschlissen.

Urkunden aus dem 17. Jahrhundert belegen, dass Salzburgs Fürsterzbischöfe Übeltäter und vor allem Wilderer gegen Ersatz der „Transportkosten" der Seemacht Venedig überantworteten, denn Venedig hatte großen Bedarf an Galeeren-Ruderern für seine Flotte. 1665 verordnete der Erzbischof die Galeerenstrafe für jeden, der einen Steinbock erlegte. Drei Jahrzehnte später verfiel bereits lebenslanger Galeerenfron, wer einen Biber oder einen Fasan schoss.

Die Kriminal-Mathematik dahinter ist simpel und an den Hexenprozessen zu prüfen: Salzburg hatte viel zu wenige Keuchen und der Bau von Gefängnissen sowie der Unterhalt von Häftlingen kamen teuer. Und weil Wilderei im Gegensatz zu Schadenszauber oder Teufelspakt nicht todeswürdig war, zog Salzburg aus Häftlingsexport Gewinn.

Der kürzeste Weg nach Venedig führte über das Hochtor und den Plöckenpass. Und weil im Fundbereich dieser Häftlingsketten weder Skelette noch andere Hinweise auf Menschen entdeckt wurden, kann man annehmen, Angehörige verurteilter Wilderer haben so einem Häftlingstrupp aufgelauert, um ihre „Helden" zu befreien; Wilderei galt im Gebirge nie als verabscheuenswürdig, sondern zuzeiten sogar als gerechtfertigter Einbruch in die Privilegien der Obertanen.

Von diesem gruseligen Ort wandern wir weiter zum Fuscher Törl und nun nordwärts auf einem weithin sichtbaren Weg zur Edelweißspitze. Von diesem großartigen Ausguck schaffen wir den Abstieg zur Bushaltestelle notfalls in 10 Minuten.

Gespenstisches Achenlichtl

42

Rundwanderung

Start und Ziel Ortszentrum von Kaprun

Strecke 6 km

Gehzeit 1,5 Stunden

Erst um die Wende in das 20. Jahrhundert begann die systematische Regulierung der Salzach im oberen und mittleren Pinzgau. Damit sollten endlich die jährlich mehrfach wiederkehrenden Überschwemmungen verhindert, riesige Sümpfe in Ackerland und Viehweiden verwandelt sowie die Nistplätze des mörderischen Sumpffiebers ausgetilgt werden. Die Gewinnung von Kulturland stand unter dem ernsten Motto „Drainieren oder verhungern". Ohne Einsatz von Chemie brauchte eine stark extensive und ertragsarme Landwirtschaft mehr Boden, sollten die Söhne nicht in der Fremde Arbeit suchen. Tatsächlich gewann der Pinzgau durch die „Kanalisierung" der Salzach an die 30 Quadratkilometer Land.

Gleichwohl sind weder alle Auen noch alle Sumpfwiesen verschwunden. Also sieht man noch gelegentlich „Sumpflichter", nämlich Sumpfgase, die sich selbst entzünden und verpuffen. In dunklen, regnerischen Sommernächten tanzten solche „Achenlichtl" gespenstisch an den Ufern der Kapruner Ache.

PINZGAU

Sie erschreckten und verfolgten nächtliche Wanderer. Das Volk deutete dieses unerklärliche Geflacker als Strafe für einen Bauern, der sein widerspenstiges Kind lebendig in einer Grube begraben hat. Weil er von der weltlichen Gerechtigkeit nicht ereilt wurde, muss er jetzt in der Ewigkeit die Untat büßen.

Unsere Rundwanderung führt uns vom Ortszentrum Kaprun ostwärts auf der alten Straße nach Zell am See hinaus zur Burg Kaprun, bis 1600 Sitz des Pflegers, der dann in das strategisch weit günstiger gelegene Zell am See übersiedelte und in jenem Gebäude am Stadtplatz residierte, in dem heute die Bezirkshauptmannschaft amtet.

Wir folgen der alten Zeller Straße bis zum Gehöft Mayer-einöden und halten kurz inne: In dem feuchten Zwickel zwischen Straße und Salzach litten von 1941 bis 1945 Hunderte russische Kriegsgefangene in einem Lager, die beim Bau des Kraftwerks Kaprun Zwangsarbeit leisteten. 87 von ihnen überlebten die Strapazen nicht.

Vor der Salzachbrücke wenden wir uns nach links (westwärts) und wandern zwischen Salzach und Moor weiter. Die Mündung der Kapruner Ache drängt unseren Weg Richtung Süden auf das Dorf zu.

Irgendwo auf unserem Rundweg ereignete sich einmal ein Zwischenfall, auf den sich kein nüchterner Mensch eingelassen hätte. Ein Betrunkener wankte seines Weges, gewahrte das Achenlichtl und bat es, doch einen Augenblick innezuhalten, damit er daran seine Pfeife entzünden könne. Das Achenlichtl hielt tatsächlich inne, verbrannte aber dem Betrunkenen derart das Gesicht, dass er für sein Lebtag gezeichnet blieb. Man fordert Geister eben nicht heraus.

PINZGAU

43

Hexen auf der Hochkammer

Wanderung mit Unterstützung von Bus und Gletscherbahn, Trittsicherheit erforderlich

Start Kaprun, Busfahrt vom Parkplatz
Kesselfall zur Moosersperre

Anstieg insgesamt 700 Höhenmeter

Gehzeit 3,5 Stunden
Rückkehr mit der Gletscherbahn
ab dem Alpincenter

Mit den Bussen und dem Schrägaufzug der „Tauernkraft" ist der Anstieg vom Kesselfall bis zur Moosersperre ebenso eindrucksvoll wie bequem. Hier empfängt uns auf Höhe 2036 Meter die „Heidnische Kirche", ein gespaltener Felsblock, dem die Menschen früher geheimnisvolle Kräfte zusprachen, weshalb sie diesen Platz mieden. Angeblich nutzten das einst Protestanten, um ungestört Gottesdienste zu feiern. Allerdings munkelte das Volk von geheimen Zusammenkünften der „Ketzer".

Heute überwölbt diesen gespaltenen Stein ein Denkmal, das der Bildhauer Josef Magnus als einen Schwall Wasser und zugleich als schützenden Mantel der Heiligen Barbara konzipierte.

Vom gigantischen Stausee Mooserboden, der gleich dem Speicher Limberg fast 400 Höhenmeter tiefer unten rund

87 Millionen Kubikmeter Wasser fasst, verabschieden wir uns auf dem markierten Weg Nr. 726 nordwärts hinunter zur zweiten Kehre der Werkstraße, biegen westwärts in die Fürthermoaralm (Ebmatten Alm) ein und folgen dem Weg über Blumenwiesen nordwärts leicht ansteigend zum Hochschober. Dort überwindet unser Steig eine gesicherte luftige Stelle und dreht dann westwärts hinauf zur Kammerscharte (2 689 m) im Nordgrat des Kitzsteinhorns. Diese Trennlinie zwischen dem nahezu abgeschmolzenen Kammerkees und dem Schmiedingerkees hätte vor drei Jahrhunderten kein Mensch freiwillig aufgesucht – die Besucher eines Hexensabbats ausgenommen.

Aus dem ganzen Land ritten einst Hexen auf Gabeln und Besen hierher, um mit Teufeln wilde Tänze aufzuführen und arglistig Schadenszauber auszuhecken. Beispielsweise beschwor 1575 ein Hüterbub als Zeuge im Hexenprozess gegen den Bramberger Pfarrer und seine Haushälterin, dass er auf dem Schmiedingerkees dergleichen beobachtet habe. Da hätten die Hexen Eisstücke aus dem Gletscher geschlagen, zerkleinert und als Hagel auf die erntereifen Felder im Tal geworfen.

Wenn der Wind auf scharfen Graten geigt und Nebel an Felszacken in wehende Fetzen zerreißt, dann wuchert auch unsere Fantasie. Und wir verstehen, dass Angst vor den unerklärlichen Kräften der Natur zu unheimlichen Vorstellungen verführte. Woher Hagel, wenn nicht aus Gletschereis? Das fragten nicht nur einfältige Hirten, sondern auch hochgebildete Juristen.

Aufgeklärte Leute wie der Kaprun-Chronist Josef Gruber (1872) überlieferten solche Schauergeschichten als Sagen vom

197

Treffpunkt der Hexen auf dem Kitzsteinhorn. „Von da aus flogen sie durch die Luft, um ihren Geschäften wie Hagelwettermachen, Menschen- und Viehverhexen u. dgl. sich zu widmen." Es sei zu wünschen, dass nun so unvernünftige und unchristliche Ideen aus dem einfachen Volk verschwänden, weil sich „außer den von Gott gegebenen Naturgesetzen nichts wirken lasse".

Solche Ideen hatte 1866 schon der geistliche Historiker Josef Dürlinger vertreten. Allerdings missfiel ihm ein Aspekt dieser Entzauberung der Hexengeschichten: Durch Aufklärung

mache sich im Pinzgauer Volk „eine erhöhte Selbständigkeit auch im religiösen Leben" breit.

Der steile und schottrige Abstieg von der Kammerscharte über 300 Höhenmeter hinunter zum Rand des Schmiedingerkeeses treibt uns solche Überlegungen aus dem Kopf. Zudem holt uns der Weiterweg entlang des Gletscherrandes mit 100 Höhenmetern Gegenanstieg bis zum weithin sichtbaren Alpincenter in die Gegenwart zurück. Wir bewegen uns am Rand des ersten Sommerskigebiets in Österreich. Gewiss ist jede Erschließung in den Alpen ein nachhaltiger Eingriff in die Natur; gleichwohl sollten wir den wirtschaftlichen Segen für die Menschen einer einst bettelarmen Bergregion nicht vergessen. Zu einem lohnenden halbstündigen Abstecher geht es mit der Seilbahn vom Alpincenter hinauf zur Bergstation auf dem Nordwestgrat des Kitzsteinhorns und auf einem gut gesicherten Steig noch 180 Höhenmeter hinauf zum Gipfelkreuz mit beeindruckender Rundsicht. Auf diesem Punkt stand 1841 ein Kardinal – Salzburgs Fürsterzbischof Friedrich Schwarzenberg. Der geistliche Herr unternahm etliche Erstbesteigungen (z. B. des Hohen Tenns) und war Zweitbesteiger des Kitzsteinhorns 13 Jahre nach eher zaghaften Geometern, denen der Kapruner Hans Entacher auf das Horn vorangestiegen war. Anzunehmen wäre, dass der unbeschadete Vorstoß eines Kirchenfürsten in das Reich der teuflischen Hexensabbate, der Geister und der Schadenszauberei die Ängste der Menschen verscheucht hat.

Wir verlassen den unheimlichen Tatort der Hexentänze mit der Gletscherbahn vom Alpincenter in das Tal.

44

Klimasturz und Keesschieber

Start Kaprun, Auffahrt mit
der Maiskogelbahn
Anstieg 1 000 Höhenmeter und 3 Stunden
Rückkehr in das Tal mit der Gletscherbahn

Einen ausnehmend lohnenden Weg von der Bergstation der Maiskogelbahn zum Tanzplatz der Hexen baute der langjährige Hüttenwirt auf der Krefelder Hütte, Alexander Enzinger. Vom Bereich des Kraftwerks Kaprun bringt uns die Seilbahn über 700 Höhenmeter auf Höhe 1 500 Meter. Vorerst geht es noch durch Baumbestand 350 Höhenmeter bergan über den Maiskogel auf die Dreiwallnerhöhe, auf der ein außerordentlicher Augenschmaus beginnt. Wir wandern nämlich vorwiegend auf einem leicht ansteigenden Kamm, das Kitzsteinhorn und den Gletscher beständig im Blick. Man sollte diese Wanderung während der Almrauschblüte Ende Juni/Anfang Juli unternehmen, dann ist der Vordergrund unseres Panoramas rot. Auf der Stangenhöhe haben wir zwei Drittel des Anstiegs geschafft, jetzt verlassen wir den Kamm und wandern in weitem Bogen durch das riesige Grubalmkar zur Krefelder Hütte. Der Steilabbruch neben der Hütte hinunter in den Schlund des Zeferetgrabens ist den leichten Schock für den Magen wert. Wir erkennen an den Moränen den Höchststand dieses Gletschers um das Jahr 1850. Damals streckte das Schmiedingerkees seine Zunge noch etwa 600 Meter weiter ins Tal hinunter, wie an den Schuttlinien zu sehen ist. Inzwischen stieg die durchschnittliche Temperatur um etwa 2 Grad Celsius an. Sie nahm dem Gletscher bis zu 70 Meter Dicke und halbierte sowohl seine Fläche auf 1,5 Quadratkilometer als auch sein Volumen auf rund 60 Millionen Kubikmeter.

Dieser Gletscher verliert gegenwärtig im Jahresdurchschnitt an die 2,5 Millionen Kubikmeter Wasser, die alle in den Turbinen von Kaprun zu Strom verwandelt werden (unsere Urahnen hätten darin Zauberei erkannt). Diesen Verlust macht der Schneefall längst nicht mehr in jedem Winter wett. In 3 000 Metern Höhe fällt zweieinhalbmal mehr Niederschlag als im Tal, davon fast 90 Prozent als Schnee, der Höhen zwischen 4 und 10 Metern aufhäuft. Durch Tauen und Gefrieren sinkt dieser Schnee auf 30 bis 50 Zentimeter Firn zusammen, der sich binnen 15 Jahren in Eis verwandelt.

Die Spuren des Schmiedingerkeeses weisen uns zurück an den Beginn der Kleinen Eiszeit in der Mitte des 16. Jahrhunderts. Ein Klimasturz um vermutlich 1,5 Grad verkürzte in den Alpentälern die Vegetationszeit, verminderte die Erträge, verschlechterte das Wetter und schädigte somit die Bauern, die dafür keine Erklärung hatten. Also ersannen vermeintlich kluge Köpfe eine: Menschen können den Naturkräften nicht beikommen; die Erklärung der Katastrophen mit Gottes gütiger Vorsehung und Liebe ist unzureichend; so

PINZGAU

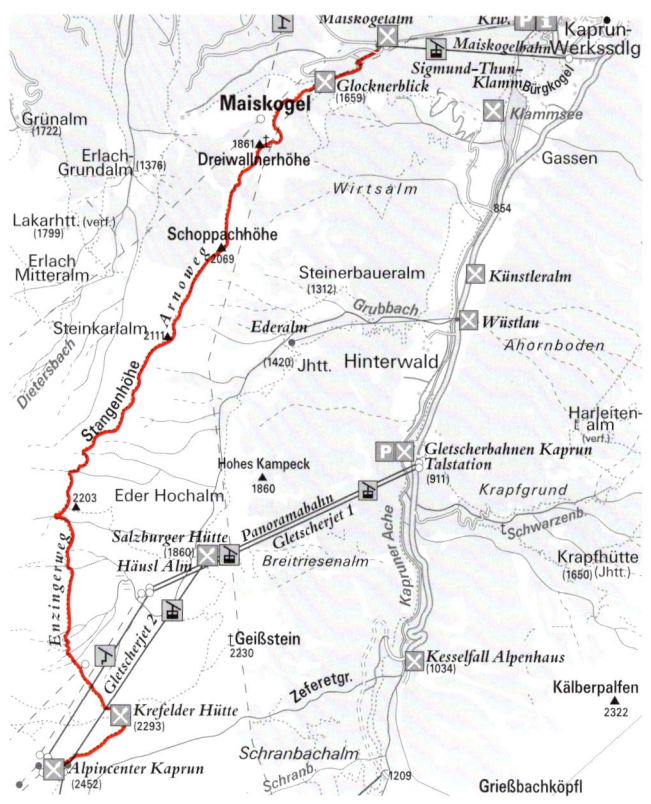

viel existenzgefährdende Bosheit verübt nur der Teufel; also stammt das Unheil der Wettermacherei von Menschen, die im Bund mit dem Teufel stehen – und das sind die Zauberer und Hexen!

Die Sage von den gespenstischen Keesschiebern im Kapruner Tal erklärt Unerklärliches auf andere Weise: Auf den fetten

Weiden des Limberg- und des Mooserbodens weideten einst massenhaft prächtige Rinder. Doch einmal begannen die Bauern arg über die Grenzen auf diesem Almboden zu streiten. Da beschloss der liebe Gott, diesen Leuten eine Lektion dafür zu erteilen, dass sie mit einer reichen Gottesgabe nicht zufrieden sind. Gott ließ also die Gletscher von den Gipfeln ringsum herunterwachsen, bis das Gras auf den Weiden vor Kälte abfror. Und die Streithähne verbannte er in das Gletschereis. Jedes Frühjahr befahl er ihnen, das Kees (von althochdeutsch *chees* für Eis) bergwärts zurückzuschieben, damit wenigstens der Talboden als Alm tauge. Doch im Winter rutschte das Eis noch ein Stück weiter talwärts. Und die Hirten hörten dann gelegentlich, wie die Keesschieber bei ihrer anstrengenden Arbeit stöhnten und ächzten.

PINZGAU

Folter

Politische Reden und Komödien belegen, dass im antiken Griechenland Sklaven und Fremde durch Prügel und Brechen oder Abhacken von Gliedmaßen gefoltert wurden, um Geständnisse zu erzwingen. Die Römer gingen ähnlich, doch noch brutaler vor und führten das Strecken und Schlagen mit eisernen Krallen ein. Das Vierte Laterankonzil billigte 1215 diese „peinliche Befragung" als Verfahren, um Geständnisse zu erlangen. In der strengen Beweishierarchie reichten Zeugen und Indizien allein nicht für einen Schuldspruch aus. Die Aufklärung bekämpfte die Folter als inhumane Methode der richterlichen Willkür.

Österreich schaffte die Folter 1776 als „unschickliches Mittel zur Wahrheitsforschung" ab – 36 Jahre nach Preußen, aber noch 13 Jahre vor Frankreich.

Nach der Prozessordnung der Inquisition musste der Beschuldigte die Wahrheit gestehen, notfalls unter härtester Folter. Der Zeitgeist predigte damals, dass Folter das Bündnis zwischen Hexen und dem Teufel breche. Das widerwärtige Zeremoniell in der Folterkammer wollte die „Wahrheit" erfahren und damit die Seele des ohnehin todgeweihten Delinquenten retten. So kam es am Ort grässlicher Quälerei zum unerbittlichen Kampf zwischen Richter und Teufel um die Seele des Delinquenten.

Die Inszenierung der Folter begann mit der Territion (Einschüchterung), dem Vorzeigen und Erklären der Foltergeräte. Dann folgten Leibesvisitation und Scheren, um verborgene Zaubermittel gegen die Folter offenzulegen.

Damit der Teufel verschwinde, bekamen die Opfer eine geweihte Suppe und eine gründliche Waschung mit Weihwasser. Dieses wusch auch die letzten Spuren von Urin ab. Zauberer und Hexer rieben sich nämlich mit ihrem Harn ein. Sie glaubten, dass dies Geständnisse verhindere – eine Art Vorwärtsstrategie, weil einzig das Ertragen der Tortur den Weg in die Freiheit öffnete.

Gestand der Delinquent nicht freiwillig, eröffneten Streiche mit einer in Weihwasser getauchten Rute die „peinliche Befragung". Üblich waren Hiebe im „Schilling", dem allgemeinen Maß für 30 Stück. Den Rekord von 500 Rutenstreichen hielt 1678 die 32-jährige Ursula Reinberger aus, die trotzdem als Hexe erdrosselt wurde.

Im Regelfall gab es fünf Grade der Folter, die in Salzburg jeweils höchstens eine halbe Stunde dauerten:

1. Daumenschraube. Ihre beiden Schenkel wurden so lange zusammengedrückt, bis aus dem gequetschten Daumen Blut spritzte.

2. Aufziehen an den nach hinten gebundenen Armen am Seil. Diese Tortur wurde durch unregelmäßiges Auf- und Abwippen und notfalls durch Anhängen von Gewichten bis zu 50 Kilo an den Beinen verschärft. Das kegelte den Gequälten meist die Arme aus.

3. Streckbrett oder Spannen auf die schräg gestellte Leiter. Beine und Arme des Delinquenten wurden mit Seilen an Spindeln gebunden und diese so lange gedreht, bis dem zunehmen überdehnten Körper die Gelenke aussprangen.

4. Beinschrauben oder „Spanische Stiefel". Sie wurden an den Unterschenkel gelegt und notfalls so lange zugedreht, bis die Knochen splitterten.

5. Feuerfolter. Zu Bünden geschnürte Fackeln wurden angezündet und unter die Achselhöhle gehalten.

Das Schreien, Jammern oder Stöhnen der grässlich Gequälten störte niemanden. Denn das war der unvermeidliche Preis im Ringen mit dem Teufel um die Seele der Gefolterten. Um das Schreien der Opfer dieser Martern zu unterbinden, steckte man ihnen eine „Folterbirne" in den Mund: ein Metallgerät, das den Mund aufspreizte und die Zunge an den unteren Gaumen presste.

Folterknechte fühlten sich in ihrer „Berufsehre" gekränkt, wenn Delinquenten der Folter standhielten. Daher wurde eher zu hart als zu weich gefoltert.

Überstand jemand die Folter ohne Geständnis, dann ging er frei. Allerdings musste er „Urfehde" schwören: Den Verzicht auf Rache an Obrigkeit und Gericht für erlittene Qualen.

Andre Debellack, ein blinder Bettler aus Krain, überstand als einziger Delinquent in Salzburg alle Foltergrade und bewies damit, dass das Geständnis als einziges Beweismittel versagen konnte. Nicht einmal die Konfrontation mit seinen Denunzianten bewog Debellack zu einem Geständnis. Er wurde 1679 freigelassen, aber nach Schwören der Urfehde auf ewig des Landes verwiesen.

Prügel für Ohrenbläser

**Radtour auf dem Tauernradweg
von Niedernsill nach Bramberg**

Gesamstrecke   31 km
Fahrzeit   2 Stunden

Muren aus dem Mühlbachtal verheerten mehrfach Niedernsill; allerdings zu Zeiten, da vermeintlicher Schadenszauber längst nicht mehr die Gerichte beschäftigte. 1575 freilich war die Bäuerin Barbara Gaispichler in den Verdacht der Schadenszauberei geraten, weil sie mit der soeben hingerichteten Bramberger Pfarrersköchin Neidegger befreundet war. Die Gaispichlerin wurde verhaftet und der Folter unterworfen. Weil sie nichts gestand, ging sie frei, wurde aber im Dorf beständig angegriffen. Auch ihre drei Brüder Balthasar, Christof und Caspar Gaispichler wurden der Zauberei verdächtigt. Der ständigen Schikanen und Unterstellungen überdrüssig, prügelten die erbosten Brüder einen Nachbarn spitalsreif und erklärten dem Gericht, dass man „mit der faust rechen" müsse, wenn sonst nichts helfe.

Im Mai 1581 entlud sich über Niedernsill wieder ein schweres Gewitter, das auf den Feldern der drei Brüder eigenartigerweise wenig Schaden anrichtete. Sofort regte sich zwischen Mittersill und Kaprun erneut böser Verdacht: Weil ihre Felder verschont blieben, könnten sie Getreide verkaufen. Zudem gelinge den Nachbarn der Gaispichler das Buttern nicht mehr, während es den drei Brüdern blendend gehe. Der Pfleger nahm die Anzeige der Gaisbichler gelassen und handelte sich prompt den Vorwurf ein, er sei mit einem Zentner (= 56 kg) Schmalz bestochen worden, damit er Wettermacher begünstige. Nun ließ sich ein Verfahren nicht mehr verhindern. Die Gaispichler verwiesen darauf, dass sie genauso wie alle anderen Schaden erlitten hätten, und wurden vom Verdacht der Wetterzauberei freigesprochen. Bei Strafe mussten sie allerdings geloben, niemanden mehr zu verprügeln.

Wir radeln nun von Niedernsill auf dem Tauernradweg südwestwärts nach Aisdorf, das mit prächtigen Höfen seinen bodenständigen Charakter erhalten hat. Auf dem Weiterweg wollen wir Lengdorf auf der anderen Talseite nicht übersehen, da dort 1598 Anlass für einen Gegenzauber bestand, der in Bramberg inszeniert wurde – doch davon später.

Einstweilen radeln wir zügig weiter westwärts, besuchen im Weiler Schwarzenbach die Margarethen-Kirche, ein barockes Juwel in der Einschicht, radeln nordwärts über die Salzach nach Uttendorf, in Stuhlfelden wieder südwärts nach Wilhelmsdorf und weiter nach Felben. Gleich neben der Kirche zum Heiligen Nikolaus befindet sich das sehenswerte Mittersiller Heimatmuseum. Wir schenken zumindest dem „Hexenstein" mit seinen rätselhaften Zeichen unter einem Baum an der Westseite des Felberturms Aufmerksamkeit. Dieser Stein stand früher an der Richtstätte auf dem heute verbauten „Galgenrain" im Weiler Burk auf der nördlichen Talseite etwas oberhalb der Bundesstraße. So ersparte wenigstens ein kurzer Weg vom runden

PINZGAU

Hexenturm am Südwesteck des Pfleggerichts auf Schloss Mittersill den armen Sündern einen langen Spießrutenlauf zwischen dem Spalier der Neugierigen zur Richtstätte.

Wir rollen weiter durch Mittersill und Hollersbach und dann noch gut 2,5 Kilometer zu einem Juwel der bäuerlichen Kultur – dem Weiler Dorf. Gleich am Ortseingang steht links ein gewaltiger Blockbau, dessen Malschrot-Zier die „Schönseite" des Hauses zur alten Straße hin ausweist. Dorf ist wie Aisdorf eine beschauliche Rast wert, ehe wir durch Mühlbach weiter nach Bramberg radeln. Dort suchte im Weiler Steinach 1598 der Bauer Blasi Radensbacher aus Lengdorf Rat beim Lederer Antoni Seiz, einem Spezialisten für Gegenzauber. Radensbacher litt unter der Schadenszauberei eines Unbekannten, wodurch sein Vieh seit Jahren nicht gedieh. Also wanderte er stramme 22 Kilometer nach Bramberg zu Antoni Seiz. Der sprach seinen Zyprians-Segen über geschabtem Holz und geweihtem Salz – und siehe da, die Frau von Radensbachers Vetter in Lengdorf wurde urplötzlich krank und beim Pfleger angezeigt. Immerhin war ruchbar geworden, dass sie Milch aus einem Messer gemolken habe – vom Vieh des Blasi. Der Fall ging an das Hofgericht in Salzburg und kam mit einem ernüchternden Urteil zurück: Die Frau ist freizulassen und der Gegenzauberer Seiz soll seine abergläubischen Segen gefälligst einstellen.

Die letzten 6 Kilometer auf dem Tauernradweg bringen uns zum Ziel Neukirchen und zum Schauplatz eines außergewöhnlichen Falls von Hexenwahn.

Im Jahr 1585 beschuldigte ein Bramberger die Neukirchner Witwe Magdalena Paldimwald des Krankheitszaubers mithilfe einer Spinne und einer „Totennadel": Sie habe seiner Frau im Kindbett mit der Hand über den Schenkel gestrichen und damit einen Dauerschmerz in das Bein gezaubert. Die alte Paldimwaldin lebte ärmlich von Bettelei und Taglöhnerei. Unter Androhung der Daumenschraube gestand die augenscheinlich einfältige Frau Schadenszauber an Mensch und Vieh, Milchzauber und Wettermachen mit einem Zwirnknäuel.

Geradezu sensationell muten ihre Berichte über den Verkehr mit dem Teufel an. Der sei ihr erstmals in Mannsgestalt erschienen, habe sie „niedergeworfen und seinen Willen mit mir gepflegt". Dann kam er öfter in ihre Kammer – auch in Gestalt eines schwarzen Männleins, einer schwarzen Katze oder eines schwarzen Hundes. Der Teufel versprach, für ein Kind zu sorgen, falls eines ankäme. Vollauf selbstmörderisch war der Exkurs der Paldimwaldin in die Metaphysik: Leider hatte der Teufel keinen rechten Menschenleib, er war vielmehr „gar rauh, hart, grob und eiskalt wie ein Eiszapfen". Damit „bestätigte" sie die Lehre der Scholastik, dass reine Geister – also auch der Teufel als gefallener Engel – keinen Leib haben, sich aber einen künstlichen Körper schaffen, diesem aber kein Leben und damit keine Wärme geben könnten. Der „Eiszapfen" war somit todeswürdiger Beweis für Unzucht mit dem Teufel – der sonst gerade in der christlichen Kunst stets als Feuerdämon dargestellt wird. Die Paldimwaldin endete auf dem Scheiterhaufen am Galgenrain in Mittersill.

PINZGAU

Die Prielhexe auf der Sonnseite

46

Einfache Höhenwanderung, Rückkehr mit dem Bus; dieser Ausflug lässt sich zu einer Radrundfahrt ausdehnen: moderate Steigung über knapp 500 Höhenmeter und 7 Kilometer Fahrt bergan

Start   Bushaltestelle Schloss Mittersill
Anstieg   350 Höhenmeter und 2 Stunden

Das Pfleggericht Mittersill residierte im Schloss hoch über dem Markt und spielte eine bedeutende Rolle, weil der Oberpinzgau als Zentrum des Schadenszaubers durch Wettermachen galt. Das bietet hinreichenden Anlass zu einem Ausflug auf die herrlichen Terrassen der Sonnseite, die sich bis zum Pass Thurn besonders sanft und großflächig hinziehen.

Zum Unglück für unsere Vorfahren lag dieses herrliche Land in einem berüchtigten Gewitterstrich von Kitzbühel herüber und hinunter bis Kaprun. Man begreift die Verzweiflung der bäuerlichen Bevölkerung, als gerade im 16. Jahrhundert ausnehmend viel Hagelschlag die Ernten vernichtete und somit das Überleben von Mensch und Tier bedrohte.

Unsere Wanderung beginnt an der Haltestelle Schloss Mittersill. Wir gehen nordwärts auf dem Sträßchen Richtung Loferstein etwa 200 Meter weit und biegen dann westwärts ab. Nun

weisen uns gleich drei Markierungen den Weg nach Mayrhofen: 30, 745 und 702 a. Einen halben Kilometer westlich dieses Weilers zweigt aus einer weiten Senke nach Süden der Weg Nr. 44 ab und führt durch ein Feld leicht bergan auf eine sanfte Bodenwelle, einst Prielboden genannt. Hier hauste im elenden Hirtzhäusl die Prielhexe.

Ein neugieriger Knecht beobachtete einmal nachts, wie diese eine Henne mit einer Gerte um den offenen Herd herumtrieb. An jeder Ecke des Herdes stand eine hölzerne Schüssel. Nun schlug die Hexe der Henne auf den Schwanz, damit sie in jede Schüssel ein Ei legte. Der Knecht bestaunte die Menge Eier, die ein einziges Huhn zustande brachte. Nach Hause zurückgekehrt, versuchte er mit dem ganzen Gesinde, den Hühnern diesen Eifer beizubringen. Vergeblich. Lediglich der jüngste Knecht entlockte einem Huhn viele Eier, weil er den geheimen Zauberspruch der Prielhexe kannte.

Bauer, Bäuerin und Gesinde erschraken angesichts der Tatsache, dass sie mit einem Zauberer unter einem Dach wohnten.

Da ging der Bauer zum Pfarrer nach Mittersill, um Rat zu erbitten. Er erfuhr, dass dem Burschen die Taufe nicht ganz richtig gespendet worden sei, es sei ein wichtiger Teil ausgelassen worden. Also erteilte der Pfarrer nochmals die Taufe und auf der Stelle vergaß der Bursche das Zaubersprüchl.

Was die Prielhexe aber mit den vielen Eiern anstellte, blieb bis heute unbekannt. Das störte aber niemanden, denn die Prielhexe trieb keinen Schadenszauber; keinem Nachbarn fehlten nämlich jene Eier, die die Prielhenne legte.

Wir genießen also unbeschwert die Rundsicht von diesem herrlichen Aussichtspunkt, ehe wir südwärts in wenigen Minuten zur Bushaltestelle gegenüber dem Gasthaus Hohe Brücke an der Pass-Thurn-Straße hinunterwandern und mit dem Bus ins Tal fahren.

Schneezauber auf dem Felber Tauern

47

Aufstieg zum Felber Tauern (2 481 m), stabile Wanderschuhe erforderlich

Start Parkplatz beim Hintersee im Felbertal

Anstieg 1 200 Höhenmeter

Gehzeit 3 Stunden

Von Mittersill Auffahrt mit dem Pkw 8 km südwärts auf der Felbertauernstraße bis zur weiträumigen Kehre nach der Lawinengalerie, Abzweigung nach rechts und 3 Kilometer nochmals leicht ansteigend zum Parkplatz beim Hintersee (1 313 m).

An der Westseite des inneren Felbertales ragt zwischen Hohem Herd und Tauernkogel eine 5 Kilometer lange und bis zu 1 000 Meter hohe Felswand auf. Herrscht nicht brillantes Wetter, so verwandelt diese Wandflucht den Talschluss rings um den Hintersee in einen Kessel von beängstigender Enge. Und man versteht, warum die Berge einst als Sitz von Gespenstern und Hexen galten.

Gleichwohl lockten Geschäfte die Menschen über die unwirtlichen Pässe im Gebirge; nicht der unwichtigste davon war der Felber Tauern, wie der jährliche Transport von 350 Tonnen Gütern auf Pferderücken an der Wende vom Mittelalter zur Neuzeit belegt. Und die Obrigkeit unterstützte naturgemäß diesen

Handel mit einer Vorform von Alpenverein und Bergwacht. Sie ließ in den Talschlüssen „Tauernhäuser" so anlegen, dass man an einem Tag leicht den Kamm des Hochgebirges überqueren konnte. Deshalb halten wir kurz Einkehr beim Tauernhaus Spital, 1,5 Kilometer talauswärts des Hintersees. Dieses schöne Gebäude geht auf die Zeit um 1350 zurück. Sein „Tauernwirt" bekam 1543 das Schankrecht – und dazu noch Steuernachlass und „Provisionen" an Getreide. Dafür musste er bei „grobem Wetter" Passanten Unterkunft und Freikost geben, „Wegweisstangen" über den Tauern aufstellen, bei Nebel mit einem Horn zur Orientierung blasen und „in Schnelähn (Lawinen) todfindige Personen" zum Friedhof Mittersill schaffen.

Unser Weg auf den Felber Tauern folgt den Spuren der Saumpferde, die eine „Roßsaum" (168 kg) schleppten. Die Qualität des Weges hat sich entschieden gebessert seit der Klage eines Wanderers im Jahr 1837, dass hier „auch feste Schuhe zu Schanden getreten werden".

Vom Ende der Straße gehen wir auf dem markierten Weg Nr. 917 ostwärts im steilen Trudental aufwärts, wo wir sehr schnell 600 Höhenmeter hinter uns bringen und etwas aufatmen können: Wir sind aus dem Kessel draußen, empfinden die gewaltige Wandflucht westlich von uns gar nicht mehr als bedrohlich und wandern in durchaus moderatem Gelände südwärts zum Kreuz auf dem Nassfeld (2 100 m). Von hier hält der Weg auf einem Riedel zwischen dunklen Bergseen hindurch direkt auf den Felber Tauern und die St. Pöltener Hütte zu.

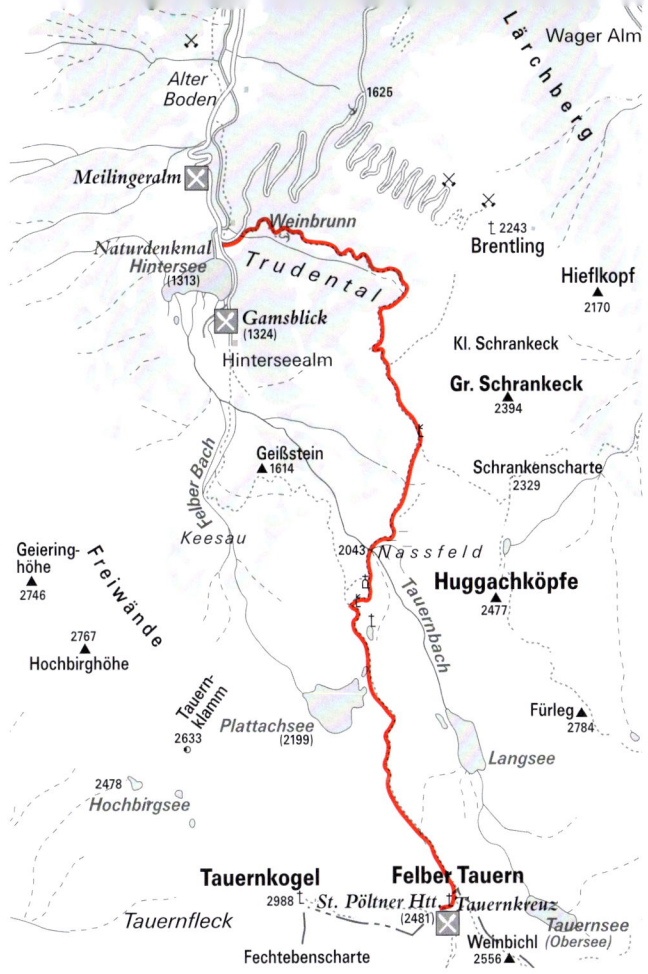

Ohne diesen Stützpunkt konnten die berüchtigten Wetterstürze auf dem Felber Tauern lebensbedrohlich werden – die
140 Opfer in den Totenbüchern von Mittersill und Matrei be-
stätigen das. Beispielsweise gerieten der Mittersiller Bildhauer
Peter Schmid und sein Gehilfe im Mai 1787 auf dem Tauern

in einen Schneesturm und erfroren. Im Mai 1828 widerfuhr gleiches drei Lienzer „Gitschen" (Mädchen), die sich als Jäterinnen bei reichen Bauern im Pinzgau ein Zubrot verdienen wollten. Und im Mai 1878 geriet ein Viehtrieb auf dem Tauern in einen Schneesturm, den 130 von 533 Tieren und vier von den 63 Treibern nicht überlebten. Dagegen hatten 20 Italiener im Jänner 1874 auf dem Weg zur Arbeitssuche beim Bahnbau durch den Pinzgau unglaubliches Glück. Unzureichende Ausrüstung, Kraftverschleiß und Schlechtwetter trieben sie in Lebensgefahr. Doch ein Osttiroler kam zufällig des Weges, mobilisierte im Tauernhaus Hilfe und verhinderte eine Katastrophe.

Die Tücke der Wetterstürze auf dem Felber Tauern verleitete naturgemäß zur Annahme, dass dahinter Schadenszauber durch Wettermachen stehe. Diesen Punkt brachte 1615 der Landstreicher, Bettler und dreifache Raubmörder Wolfgang Zellwieser vor dem Landgericht in Lienz zur Sprache. Das Gericht wollte auch auf die Spur jener Person kommen, von der Zellwieser angeblich das Herbeizaubern von Schneestürmen und Gewittern gelernt hatte. Da bezeichnete er die Sennerin Christina aus Mittersill als seine Lehrmeisterin. Diese Spitzenkönnerin in Hexerei vergrub auf der Alm ganz bestimmte Gegenstände und zauberte damit Stürme herbei, die den Felber Tauern mit knietiefem Schnee überzogen. Christina wurde als Wetterzauberin in Mittersill erdrosselt, Zellwieser aber wegen gemeiner Kriminalität plus Gottesleugnung und Schadenszaubers in Lienz gerädert und dann verbrannt.

Ein grauenvoller Vorgang im tirolischen Lienz dokumentiert übrigens die prompte „internationale" Zusammenarbeit im Kampf gegen Zauberer und Hexen. Da verpfiff 1680 ein Zeuge in Salzburg die in Osttirol aufgegriffene Landstreicherin Emerenziana Pichler, ihre vier Kinder, ihre Mutter und einen Mann namens Jakob Rainer wegen Bekanntschaft mit dem Zauberer Jackl, massenhafter Hostienschändung, Teufelsbündnisses sowie Schwangeren- und Kindesmordes zur Gewinnung zauberkräftiger Substanzen. Die Pichlerin wurde 1680 in Lienz erdrosselt und verbrannt, ihre Mutter und eines der Kinder starben in Haft, zwei der Kinder und Jakob Rainer wurden enthauptet und die sechsjährige Maria musste der Hinrichtung ihrer Geschwister „zu einem schreckenden Exempel" zusehen, erhielt einige Streiche mit der Rute und kam dann in Zwangserziehung.

Wir wenden uns wieder dem Norden zu und wandern zurück zum Hintersee. Die Heimfahrt unterbrechen wir im Tauernhaus Spital (Nachschau im Obergeschoß sehr lohnend), das heute keine Provision mehr für arme Leute erhält und daher ein gutes Bier in vertretbare Rechnung stellt.

48

Die wilde Frau von Grubing

Rundwanderung

Start	Haltestelle Rettenbach zwischen Mittersill und Hollersbach
Strecke	6 km
Anstieg	150 Höhenmeter oder
Geh-/Fahrzeit	1,5 Stunden

Die Haltestelle Rettenbach erreicht man, indem man 2,5 Kilometer westlich von Mittersill von der Bundesstraße nordwärts abbiegt. Von dieser Stelle wandern wir zum Wirtshaus Berger und dann westwärts am Hangfuß entlang zum Schloss Einödberg, an dem die offensichtlich sehr stabile Bautechnik mit Bachsteinen statt der Ziegel gut zu studieren ist. Von hier halten wir uns an die Markierung Nr. 31 durch ein Waldstück sanft ansteigend hinauf auf eine weithin auffallende Terrasse – den Hollersbacher Sonnberg.

Ehe dort die Siedlung Grubing entstand, lebte anscheinend durch Jahrhunderte auf dem Sonnberg eine wilde Frau mit ihrem Kind. Das Volk misstraute ihr, weil sie sich in Geheimnis hüllte und dadurch unheimlich wirkte. Doch man beobachtete, dass sie ihr Kind täglich in einem Trog badete – nämlich in einem Felsblock mit einer Vertiefung. Und die Spione aus

dem Volk fanden auch heraus, dass immer harte Zeiten mit
Hungersnöten und Kriegen ausbrachen, wenn dieser Wanne das Wasser ausging. Das machte diese wilde Frau noch unheimlicher.

Zum letzten Mal ging dieser Wanne das Wasser durch ein Missgeschick aus. Ein unachtsamer Arbeiter sprengte 1939 beim Straßenbau ein Stück von diesem Riesenstein weg und das Wasser floss aus der Wanne ab. Wenige Wochen später brach der Zweite Weltkrieg aus. Seither ist die wilde Frau verschollen. Vermutlich fand sie anderswo eine steinerne Wanne, um ihr Kind zu baden, denn seit dem Zweiten Weltkrieg wurde das Land Salzburg in keinen Krieg mehr hineingezogen.

Mit dieser tröstlichen Gewissheit schwenken wir in Grubing auf die Straße ein, die nordwärts durch die Siedlung in einen Wald führt. Nach etwa 500 Metern zeigt der Wegweiser „Sonnberghof" nach rechts. Wir folgen diesem Hinweis, halten uns an der folgenden Gabelung und bei der Einmündung

in eine gute Straße links. Hier weist uns die Markierung Nr. 40 sicher zurück zur Haltestelle Rettenbach.

Radler folgen dieser Spur bis zu einem auffallenden Kreuz rund 1 500 Meter östlich der Abzweigung „Sonnberghof". An diesem Kreuz biegt man scharf nach links und folgt unbeirrbar den Schildern „Mühlbauer" auf einem Balkon mit Prachtsicht auf den Oberpinzgau und die Hohen Tauern. Noch fehlen ein paar Höhenmeter auf einem abgeschrankten Fahrweg hinauf zur Pass-Thurn-Straße, auf der es nun fast 6 Kilometer flott bergab nach Mittersill geht. Dort folgen wir dem Tauernradweg zurück zum Ausgangspunkt.

Eine Hexe aus dem Märchenbuch

49

**Panoramawanderung
und Rückkehr mit der Wildkogelbahn**

Start	Neukirchen (857 m)
Ziel	Wildkogel (2 224 m)
Anstieg	1 400 Höhenmeter
Gehzeit	3,5 Stunden

Der Wildkogel bietet das Beste an Pinzgauer Panorama: Im Norden bleiche Felsfluchten der Kalkberge, im Süden die größten Gletscher der Hohen Tauern und Salzburgs höchsten Gipfel: Den Großvenediger (3 674 m).

Wir wandern von der Kirche nordwärts nach der Markierung Nr. 14 erst bis zur dritten Kehre des Fahrweges und dann zum Gasthof Stockenbaum, wo unser Weg die Trasse der Gondelbahn kreuzt.

Der Blick westwärts über den Wiesbachgraben bleibt im großen Spickelswald hängen. Dort treibt sich die Wiesbachhexe herum. Ihr Aussehen gleicht zum Verwechseln der Hexe aus „Hänsel und Gretel": klein, buckelig, fast zahnlos, mit riesigem Kropf und mit weitem grauen Wetterfleck angetan. Statt eines Kopftuches trägt sie einen gelben Strohhut. Vor ihr flattern stets vier Häher herum, das sind ihre Diener.

PINZGAU

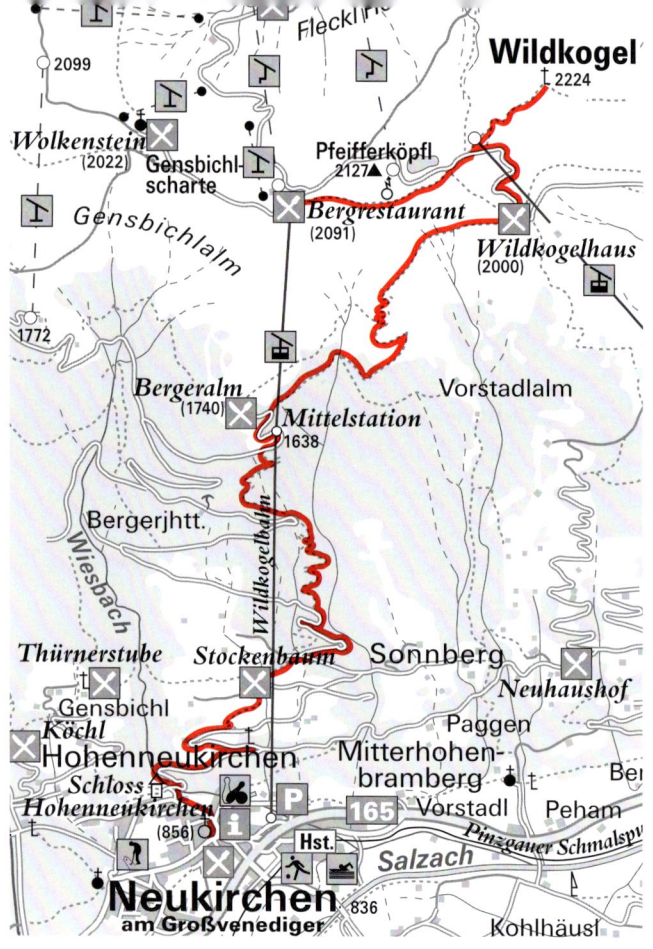

Einmal wurde die Wiesbachhexe von einem Bauernbuben beim Sammeln von Heidelbeeren überrascht. Er hielt sie für die Nachbarsdirn und rief ihr zu, sie solle doch nicht zu fleißig sein. Da kam die absonderliche Antwort zurück: „Für euch ist es zum Fleißigsein ohnehin schon zu spät." Als der Bub diesen seltsamen Satz daheim meldete, brachen alle in Gelächter aus – bis plötzlich vor dem Haus die vermeintliche Nachbarsdirn riesenhaft über den Spickelswald hinauswuchs und die vier Häher mit heiserem Krächzen in die vier Himmelsrichtungen davonflogen. Und schon brach ein verheerendes Unwetter über das Tal herein, das den Wiesbach über seine Ufer trieb und schweren Schaden anrichtete. Die Hexe aber bog sich vor hämischem Gelächter, als sie das alles besah, und verschwand wieder im Wald.

Beeindruckt von diesem klassischen Fall eines Schadenszaubers setzen wir nun unseren Weg fort. Der Weg Nr. 736 leitet uns rund 400 Höhenmeter durch den schattigen Wald und die freien Hänge der Gensbichlalm und nun nordostwärts durch zwei große Falten des Berges hinauf zum Wildkogelhaus (2 007 m). Hier heroben drückt die Hitze selten; in dieser frischen Luft sollten die letzten 200 Höhenmeter leicht zu schaffen sein.

Den Abstieg beenden wir bei der weithin sichtbaren Bergstation, in der wir die Gondel zur gelenkeschonenden Talfahrt besteigen.

PINZGAU

Hostienfrevel

Der 15-jährige Balthasar Preitfues aus Hallein gestand vor dem Hofgericht, dass er nach dem Empfang der Kommunion die heilige Hostie heimlich aus dem Mund genommen und dann in der alten Reitschule (Festspielhaus) in Gegenwart des Zauberers Jackl mit dem Messer traktiert habe. Da sei sie schwarz angelaufen und habe geblutet. Nachdem er auf der Hostie herumgetrampelt war und Gott einen „verfluchten Schindhund" geschimpft hatte, warf er die zudem noch mit Kot beschmierte Hostie in einen Kanal. Preitfues wurde 1678 als Zauberer in Salzburg erdrosselt und verbrannt.

Mit der gleichen Strafe büßte der 17-jährige Rauriser Bettler Georg Grueber noch wüsteres Treiben: Er habe eine Hostie aus dem Mund unter die Achsel geschmuggelt und zum Jackl, seinem „Mensch" oder zum Teufel gebracht und mit dem Messer in die Hostie gestochen, bis Blut herausfloss. Da wuchs Jesus aus der Hostie zur Größe einer Handspanne an, hob abwehrend die Hände und sah den Messerstecher scharf an. Dann traten die Anwesenden auf Jesus herum, trieben ihm Nägel durch den Körper, prügelten ihn und verrichteten darauf ihre

Notdurft, ehe Jesus zu einem kleinen „Patzen" schrumpfte, den sie ins Wasser warfen.

Zwei Hostienschänder berichteten 1678 sogar, dass Jesus bei der Marter gejammert habe: „Au weh, hört doch auf zu stechen!" Andere behaupteten auch, dass ihnen der Zauberer Jackl Hostien in Wunden eingeheilt habe, damit sie gegen Schmerz unempfindlich und schussfest würden. Solche Geständnisse alarmierten den Hofrat, weil dann der Schwertstreich des Scharfrichters misslingen könnte. Die Anfrage an Ärzte, wie lange wohl eine Hostie unverwest im Körper überdauere, brachte keine Lösung. Also wurden diese Delinquenten erdrosselt und verbrannt.

Wir wissen nicht, wie ernst das Gericht derart absurde Details der Hostienschändung nahm. Offensichtlich aber stärkten diese Sakrilegien die Überzeugung der hochgebildeten Herren von der abgrundtiefen Schlechtigkeit der Hexer und Teufelsbündler, die einfach ausgerottet werden mussten.

Die Zauberhenne
mit den Teufelseiern

50

Rundwanderung

Start und Ziel Pfarrkirche Wald im Pinzgau

Anstieg 450 Höhenmeter

Gehzeit gesamt 3 Stunden

Von der Pfarrkirche Wald nehmen wir den mit Nr. 2 markierten Steig nordwärts hinter der Schule den großteils bewaldeten Stanzenbühel hinan. Ob dieser Bühel nach den „Stanzen" (Mundart für Gelsen) oder nach der Stanzenbühelhexe benannt ist, wissen wir nicht so genau. Hingegen wissen wir, dass diese Hexe nicht auf dem Umweg über die Gerichtsbarkeit, sondern durch Notwehr der Bauern ihr Ende fand.

Diese Hexe verheerte die Felder immer wieder mit Hagelschlag, weshalb die Bauern einmal sieben Jahre lang den Dreschflegel nicht benötigten. Eines heißen sommernachmittags zog über dem Gernkogel wieder ein Gewitter auf, Hagelschloßen fielen aus schweren grünschwarzen Wolken und vernichteten abermals die Ernte. Ergrimmt und vom Pfarrer gesegnet zogen die Bauern den Stanzenbühel hinauf, um mit der Hexe abzurechnen. Diese erkannten sie nämlich an einer pechschwarzen Wolke am Himmel. Und darauf richteten sie ihren Böller und entzündeten das extra vom Pfarrer geweihte

Pulver. Es fiel ein gewaltiger Schuss, der die schwarze Wolke zerfetzte. Wenig später fanden die Walder auf dem Talboden eine tote Frau mit furchtbar entstelltem Gesicht. Es war die Stanzenbühelhexe. Und seither wächst in Wald wieder ungestört das Getreide.

Vom Stanzenbühel wandern wir ein kurzes Stück westwärts und schwenken nordwestwärts in den Weg Nr. 25 ein, der uns erst fast 200 Höhenmeter bergan bis an den Wald und dann südwestwärts bergab zum Gretlhof an der alten Gerlosstraße leitet. Von hier folgen wir der Markierung Nr. 13 (Wegweiser „Arnoweg") hinunter in den Graben, über die Salzach und nun nach der Markierung Nr. 53 flussabwärts zur Bundesstraße und zum Bahnhof Krimml. 200 Meter südlich des Bahnhofs biegen wir beim scharfen Eck der Bundesstraße nach links ab, überqueren die Krimmler Ache zum Weiler Kohlstatt und biegen sogleich nach links in den Weg Nr. 11 entlang der Salzach nach Wald ein.

Auf diesem Weg durchqueren wir die Bräuertratte, eine Auweide unterhalb des Bräuergrabens, die in einen Wald übergeht. In einem schäbigen Stall inmitten dieses Waldes lebte einst eine ganze Hexensippe, nämlich die Hexe, ihre Tochter und ein Wildmandl. Einmal kamen morgens Holzknechte auf dem Weg zur Arbeit bei dem Stall vorbei und lugten durch das Fenster hinein. Da sahen sie, wie eine schwarze Henne ständig um die Hexe herumlief und nach jeder Runde erneut ein Ei legte. Und diesen Eiern entschlüpfen kohlschwarze Teufelchen.

Schadenszauber der höchst gerichtsnotorischen Art hatte schon lange den Hennen der umliegenden Höfe die Eier entzogen, was die Bauern zunehmend irritierte. Eine weise alte Frau – das klassische Gegenstück zur bösen Hexe – wusste Rat: Wenn die Hexe außer Haus sei, streue man Eierschalen in ihren Stall. Tatsächlich wirkte dieser Gegenzauber. Als nämlich die Hexenfamilie wieder in den Stall zurückkehrte, erschrak sie dermaßen über die vielen Eierschalen, dass sie auf Besen für immer davonflog. Seither legen die Hühner in der Umgebung wieder Eier wie üblich.

Auf den kurzen Rückweg nach Wald nehmen wir die Erkenntnis mit, wie gründlich und fantasievoll sich der vermeintliche Schadenszauber in anschaulichen Sagen konkretisierte.

51

Gute Geister im Krimmler Wasserfall

Morgenwanderung

(Telefonische Voranmeldung unter
+43 [0]664 2612174 unbedingt erforderlich)

Start	Krimml (1 076 m)
Ziel	Krimmler Tauernhaus
Strecke	10 km
Anstieg	450 Höhenmeter
Gehzeit	4 Stunden

Rückkehr mit dem Nationalparktaxi

In Krimml bricht man am besten frühmorgens beim großen Parkplatz vor der Mautstelle der Gerlosstraße auf – ehe der Ansturm Hunderter Touristen auf die Krimmler Wasserfälle beginnt. Noch ohne Gedränge lässt man sich von der Neugier und dem Wegweiser „Arnoweg" unter der Straßenbrücke hindurch und an der Westseite der Krimmler Ache zu den tosenden Wasserfällen und zur Grenze des Nationalparks Hohe Tauern führen.

Franz Michael Vierthaler nennt 1796 in seiner „Geographie Salzburgs" die Krimmler Wasserfälle „das größte und prächtigste Schauspiel im Land". Bereits 1832 baute der ungemein rührige Pfleger Ignaz von Kürsinger, 1841 Erstbesteiger des

Großvenedigers, einen Treppenweg zum untersten Wasserfall und dort je einen Unterstand für Touristen und Maler zum Schutz vor dem gischtenden Wasser. Doch erst 1879 reichten Finanzen und Einsicht in die touristischen Chancen zu einem Steig entlang der drei Wasserfälle hinauf in das Achental. Und der Alpenverein spendete Beifall: „So wurde das köstlichste Kleinod der Alpen zu wahrer, vollständiger und klarer Darstellung gebracht."

Das touristische Wirtschaftswunder erreichte Krimml erst 1898 mit der Schmalspurbahn von Zell am See her. Sie brachte „tausende begeisterte Naturfreunde", weshalb in Krimml „die Beherbergung für Fremde Tag für Tag vergriffen" sei.

Ein Jahr später legte ein Wiener Fabrikant den verwegenen Plan vor, die billige Arbeitskraft der Einheimischen zu nutzen und die Wasserfälle für ein betriebseigenes Kraftwerk mit 20 Megawatt Leistung anzuzapfen. Später entwarfen Luftschlossarchitekten im Krimmler Tal Stauseen mit bis zu 155 Millionen Kubikmeter Wasserinhalt und dazu Kraftwerke für jährlich 155 Millionen Kilowattstunden Strom. Stattdessen wurden 1958 Wasserfälle und Achental Landschaftschutzgebiet. 1951 wurden die Kaskaden zum Naturdenkmal erklärt und 1967 mit dem raren „Europadiplom für Naturschutz" bedacht.

Gespeist von 23 Eisfeldern ist die Krimmler Ache ein klassischer Gletscherbach, dessen durchschnittliche Wasserfracht an den Katarakten je nach Abschwitzen der Gletscher zwischen 20 (Mittag) und 35 Kubikmetern (Abend) pro Sekunde schwankt. Jährlich bestaunen rund 800 000 Menschen dieses Naturschauspiel.

Auf dem markierten Weg Nr. 62 brauchen wir gut eine Stunde, ehe wir die 380 Meter Sturzhöhe der drei Katarakte – also des höchsten Wasserfalls der Alpen und des fünfthöchsten in der Weltrangliste – überwunden haben. Nach weiterer 100 Höhenmetern durch den engen Graben erreichen wir auf 1 500 Meter Seehöhe den nahezu ebenen Talboden, das Donnern des stürzenden Wassers weicht dem Bimmeln von Viehglocken entlang des für den öffentlichen Verkehr gesperrten Weges (Markierung Nr. 502) bis zum Tauernhaus.

Im Krimmler Wasserfall hausen liebenswürdige Geister, die Wanderer auf gefährlichen Wegen schützen. Beispielsweise auf den glitschigen Stufen entlang des Wasserfalls. Um dieser Gefahr zu entgehen, warfen die Menschen seit jeher nach dem Aufbruch in das Achental einen Stein in den Wasserfall, um die Geister in die Rolle von Schutzengeln zu bitten. So nimmt es nicht wunder, dass seit Jahrhunderten Händler, Wanderarbeiter, Bauern, Pilger, Wanderer, Flüchtlinge, Soldaten und gelegentlich sogar sinistere Figuren unbeschadet von Krimml in das Südtiroler Ahrntal gelangen.

Wahrscheinlich verdiente sich das Krimmler Landvolk diese geheimnisvollen Schutzengel deshalb, weil es nach einem Bericht des aufgeklärten Jesuiten und Topografen Lorenz Hübner von 1796 „bis zum Aberglauben andächtig" ist. Beständigen Anlass dazu bot allerdings die Sorge um die Ernten. Drohte in klaren und kalten Nächten Frost, so zündeten

PINZGAU

die Bauern riesige Haufen aus Geäst und feuchtem Laubwerk an. Dieses „Reifheizen" sollte möglichst viel Rauch schützend über Felder und Blüten legen.

„Bergreisen" durch das Achental und über den Krimmler Tauern, den mit 2633 Metern weitaus höchsten der acht Salzburger Tauernpässe, waren einst beileibe nicht so vergnüglich und kurzweilig wie heute. Im Jahr 1154 hielt man die erste Fracht italienischen Weins auf Pferderücken über den Tauern für ein Großereignis. Deshalb steht auch seit 1389 eine „Taverne" im Achental an der Verzweigung der Wege in das Zillertal und in das Ahrntal. Der Wirt bekam vom Erzbischof Getreide und Hafer und musste dafür in Not geratene Passanten kostenlos unterbringen und verpflegen. Bei kaltem Wetter verliehen die Wirte sogar Wollzeug, Hauben und Handschuhe an ihre Kostgänger für den Marsch hinüber zum Südtiroler Ort Kasern, wo diese Ausrüstung für den Bedarf des Gegenverkehrs wieder abzuliefern war.

Vor 300 Jahren kauften sich Ahrntaler Bauern im Achental ein und treiben seither alljährlich Hunderte Rinder, Pferde und Ziegen in einem zuweilen halsbrecherischen Unternehmen über den Krimmler Tauern. Ein ungemein buntes Bild ist der Almabtrieb Mitte Oktober, wenn Hirten und Vieh um 3 Uhr früh den 14-stündigen Rückweg über den Tauern antreten – mit mehr als 1000 Höhenmetern Anstieg.

Einige Male strömte auch das pure Elend durch das Krimmler Achental; so im Winter 1918/19, als Tausende italienische und serbische Kriegsgefangene südwärts oder im Sommer 1945

PINZGAU

an die 10 000 Mann der geschlagenen deutschen Wehrmacht nordwärts zogen. Und 1947 entdeckten jüdische Hilfsorganisationen den Krimmler Tauern als schlecht bewachtes Schlupfloch für den illegalen Exodus in das von den Briten gesperrte Palästina. Die Gendarmerie von Krimml verzeichnete im Sommer täglich bis zu 250 „katastrophal ausgerüstete" Überlebende des Holocaust, die aus Flüchtlingslagern nach Krimml gebracht und in zwei Tagen über den Tauern geschmuggelt wurden – insgesamt an die 8 000 Menschen. Der Flüchtlingsstrom über den Tauern versiegte, als im Mai 1948 Israel entstand, das fortan niemand mehr auf Schleichwegen erreichen musste.

In der getäfelten Gaststube des Krimmler Tauernhauses stoßen wir auf ein bemerkenswertes Stück Volkskunst. Um die Mitte des 19. Jahrhunderts zogen alljährlich Dutzende ladinische Wandermaler über den Krimmler Tauern nordwärts und fragten von Tür zu Tür an, ob es nicht Möbel oder hölzernes Hausgerät zu bemalen gäbe. Diese geschickten „Coloristi" aus den kargen Tälern rings um die Marmolata verewigten bei der Einkehr im Tauernhaus ihre Namen schwungvoll in der Gaststube. Für die Rückkehr nach Krimml empfiehlt sich das Nationalparktaxi, dessen man sich hoffentlich schon tags zuvor vergewissert hat.

PINZGAU

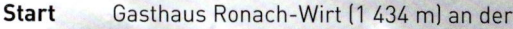

52

Der Hoazl und die Alraune

Start	Gasthaus Ronach-Wirt (1 434 m) an der alten Gerlosstraße
Ziel	Kröndlhorn (2 444 m) im Nadernachtal
Strecke	7 km
Anstieg	1 000 Höhenmeter
Gehzeit	4 Stunden

Hinter dem Gasthaus Ronach-Wirt zweigt in spitzem Winkel ostwärts der Almweg in das Nadernachtal ab. Nach gut 1,5 Kilometern tritt man aus dem Wald in eine sanfte Graslandschaft, die in Form einer verbogenen Wanne nordwärts bis zum Kröndlhorn reicht. Wir passieren erst die Bacheralm, dann die Watsch-Nadernachalm und schließlich auf Höhe 1920 Meter die Hochalm. Hier dürfte sich das Zauberstück mit dem „Hoazl" zugetragen haben.

Einst schnitzten ein Melker, ein Hüterbub und ein Schwendter aus hartem Holz eine menschenähnliche Figur und nannten sie Hoazl. Sie stellten den Hoazl auf den Tisch und forderten ihn zum Essen auf. Auf einmal aß er tatsächlich. Da gruselte es die drei Leute derart, dass sie sich schnell in das gemeinsame Bett verkrochen. Zur Mitternacht aber brach der Hoazl in die Schlafkammer ein, schnappte sich die drei

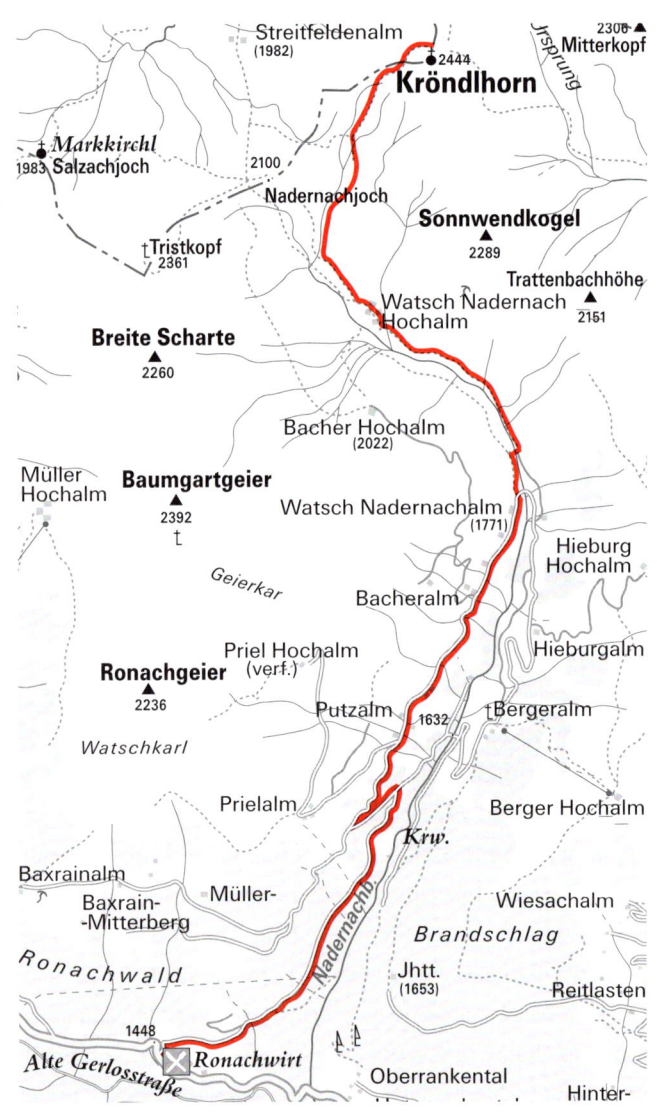

Streitfeldenalm
(1982)

2444
Kröndlhorn

2306
Mitterkopf
Irsprung

Markkirchl
1983 Salzachjoch

2100

Nadernachjoch

Sonnwendkogel
2289

Trattenbachhöhe
2151

†Tristkopf
2361

Watsch Nadernach
Hochalm

Breite Scharte
2260

Bacher Hochalm
(2022)

Müller
Hochalm

Baumgartgeier
2392
†

Watsch Nadernachalm
(1771)

Hieburg
Hochalm

Geierkar

Bacheralm

Hieburgalm

Ronachgeier
2236

Priel Hochalm
(verf.)

Putzalm
1632

†Bergeralm

Watschkarl

Prielalm

Berger Hochalm

Krw.

Baxrainalm

Baxrain-
-Mitterberg

Müller-

Wiesachalm

Brandschlag

Ronachwald

Jhtt.
(1653)

Reitlasten

1448

Alte Gerlosstraße ⊠ *Ronachwirt*

Oberrankental

Hinter-

Helden und warf sie einzeln übers Hüttendach. Das überlebte nur der Hüterbub, der schleunigst ins Tal hinunter floh. Kein Mensch weiß, wo sich der Hoazl jetzt herumtreibt. Aber wenn irgendwo ein Hüttendach kracht oder eine Tür unversehens ins Schloss fällt, dann schreiben das Leute mit schwachen Nerven dem Hoazl zu.

Der Hoazl ist das negative Gegenstück zur sagenhaften Alraune aus einer Mandragora-Wurzel, deren Gestalt einem menschlichen Leib ähneln kann. Man kleidet sie sauber, verwahrt sie an einem geheimen Platz, badet sie jeden Freitag und zieht ihr zu Neumond ein frisches Hemdchen über. Die Alraune schützt ihren Besitzer vor Unbill und Schadenzauber, ihr Badewasser ist eine kräftige Arznei. Einige Alraunen sagen die Zukunft voraus; sie essen, trinken und sprechen wie Menschen. Zuweilen nannte man die Alraune „Geist" oder auch „Geldmandl". Verkaufte man sie, dann wurde der Vorbesitzer frei von hexerischer Schuld, denn die geheime Beziehung der Alraune zum Teufel ging auf den Käufer über. Um das Jahr 1600 kostete eine „echte" Alraune umgerechnet etwa 10 000 Euro.

Wir machen uns wieder auf die Beine und steigen nach der Markierung Nr. 16 auf dem Riedl zwischen zwei Bächen und zuletzt über den Grat zur Kapelle auf dem felsigen Gipfel auf. Sie steht dort seit 1903 zur Erinnerung an ein ermordetes 6-jähriges Mädchen, dessen Leichnam hier gefunden wurde. Diese Gewalttat wurde nie aufgeklärt. Gerüchte schreiben den Bau dieses Kapellchens dem unentdeckten, reuigen Mörder zu. Der Abstieg folgt dem Anstieg.

PINZGAU

53 Hexentanzplatz
Gerlosplatte

Rundwanderung

Start und Ziel Ortszentrum Krimml

Anstieg 1000 Höhenmeter und 2,5 Stunden

Gehzeit gesamt 5 Stunden

Unter Folter gestanden Männer und Frauen in den Hexenprozessen ihre Teilnahme an Hexentänzen mit dem Teufel.
Sie benannten dafür im Regelfall Plätze oder Gegenden, die
schwer zugänglich sind oder vom ungemein abergläubischen
Volk als unheimlicher Aufenthaltsort von Gespenstern und
verwunschenen Seelen gemieden wurden.

Zum Hexentanzplatz auf der Gerlosplatte führt uns ab der
Krimmler Kirche westwärts der mit „Schönmoosalm" beschil-
derte Weg. Dort überqueren wir die Gerlos-Alpenstraße und
folgen dem Wegweiser westwärts durch den steilen Kessel der
Hochalm hinauf in die Breite Scharte. Hier wenden wir uns
nach rechts (nordwärts) für die letzten 100 Höhenmeter hinauf zum Gipfelkreuz des Plattenkogels.

Im großartigen Panorama sollten wir die Gerlosplatte etwa
400 Höhenmeter unter uns nicht übersehen, denn sie heißt
heute Hochkrimml. Diese moorige Hochfläche, durchsetzt
von Waldstrichen und Latschen, steht als hervorragendes

Biotop unter strengem Schutz. Ringsum freilich weidet auch heute noch Almvieh. Allerdings sind im automobilen Zeitalter die Almhütten meist verwaist.

Auf dem Heimweg von einer anstrengenden Gämsenjagd im Wildgerlostal übermannte einst einen Krimmler auf der Gerlosplatte die Erschöpfung. Er sank auf das Gras und schlief fest ein. Mitten in der Nacht weckte ihn plötzlich das durchdringende Spiel einer Klarinette in einer der Almhütten. Er schlich sich heran, blickte in eine hell erleuchtete Stube – und fuhr vor Schreck zusammen: Auf dem Ofen saß eine riesige schwarze Katze, die ihren langen Schwanz ins Maul genommen hatte und darauf Klarinette spielte. Eine schwarze Katze

– das konnte nur der verwandelte Gottseibeiuns sein. Und im Zimmer tanzten Menschen aus der Umgebung wild herum – offensichtlich einen Hexentanz.

Der Jäger rannte in heller Angst davon, da gebot ihm eine unsichtbare Stimme, diesem Hexensabbat ein Ende zu bereiten. Er gehorchte, kehrte um, legte durch das Fenster auf die schwarze Teufelskatze an und drückte ab. Die Katze purzelte vom Ofen, die Frauen ergriffen kreischend ihre Gabeln und ritten auf ihnen durch die Luft davon. Die Männer aber lösten sich in Nichts auf. Das waren also nur verkleidete Teufel.

Von Entsetzen geschüttelt, fiel der Schütze in tiefe Ohnmacht, aus der er erst anderntags um Jahre gealtert erwachte. Als er sein Haus in Krimml betrat, erkannte ihn seine Frau nicht mehr. Und nach einem halben Jahr Siechtum trug man den Mann zu Grabe.

Sonderlich geheuer war die Gerlosplatte den Menschen nie. Sie wird nämlich auch von den „sieben Mösern" durchzogen, einer Kette von teils überwachsenen Tümpeln und Wasserlöchern. Wer also die Grenze zwischen Pinzgau und Gerlostal überschreiten musste, tat das nur bei gutem Wetter, damit er die „Wegweisstangen" durch die Möser ja nicht aus den Augen verlor. Heute verbietet der Naturschutz das Betreten dieser Möser, damit uns eine rare Naturlandschaft erhalten bleibt. Vom Plattenkogel wandern wir nordostwärts auf dem Rasen einer gepflegten Skipiste hinunter zum Gasthof Filzstein und von dort gemäß dem unübersehbaren Wegweiser nach rechts durch den Hochwald hinunter nach Krimml.

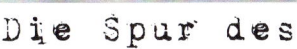

Die Spur des
Schinderkarren

54

Radtour

Start	Schloss Moosham
Ziel	Richtstätte auf dem Passeggen bei Tamsweg
Strecke	10 km

Die weitläufige Burg Moosham wurde 1256 als letzte im Wehrdreieck mit Ramingstein (1139) und Mauterndorf (1253) zum Schutz der lebenswichtigen Handelswege von Salzburg über die Alpen nach Oberitalien und in den Balkan gebaut. Ab dem 14. Jahrhundert amtierte hier der erzbischöfliche Pfleger. Nach Aufhebung der Pfleggerichte 1790 verfiel dieses Schloss im 19. Jahrhundert, bis es der hochgebildete Graf Hans Wilczek kaufte und sanierte. Dieser war ein mährischer „Kohlebaron", dem das junge Zeitalter der Eisenbahn Reichtum beschert hatte.

In Moosham bangten Lungauer Hexen und Zauberer der Hinrichtung auf dem Passeggen entgegen; und das in großen Kupferkesseln, die an einem Seil hingen. Denn ohne Bodenkontakt verloren die Hexen ihre Zauberkraft. Augenscheinlich hatte klassische Bildung eine fatale Langzeitwirkung: Als eine seiner zwölf lebensgefährlichen Prüfungen musste der

LUNGAU

griechische Halbgott Herkules den Riesen Antäus umbringen. Weil dieser seine übermenschlichen Kräfte nur aus dem Kontakt mit der Erde bezog, stemmte ihn Herkules in die Höhe und erwürgte ihn.

In seiner detaillierten Lungau-Topographie beschrieb der frühere Mittersiller Pfleger Ignaz Kürsinger 1853 seine Entdeckungsreise durch das zerfallende Schloss Moosham: Im Keller düstere und je 2,10 mal 1,80 Meter große Verliese mit einer winzigen Lichtöffnung, an der Schmalseite eine Pritsche, an der Wand noch Ringe für die Ketten und kein Ofen „trotz der furchtbaren Kälte eines langen Lungauer Winters". Täglich außer am Montag finden jeweils zur vollen Stunde Führungen durch das Schloss und das Museum – mit den Folterinstrumenten – statt. Hier wurden von 1682 bis 1688 in fünf Massenprozessen 22 Frauen und 12 Männer wegen Hexerei zum Tod verurteilt und anschließend auf dem „Schinderkarren" zur Hinrichtung auf dem Passeggen gebracht – vor Hunderten Zusehern.

Zu den Verurteilten zählte ein achtzehnjähriger Zauberer, der auch mehrere Diebstähle begangen hatte. Er war geistig derart behindert, dass er sein Alter mit vier Wochen angab und wegen seiner lallenden Aussprache vom Gericht kaum verstanden wurde. Trotzdem wurde er hingerichtet. Begründung des Gerichts: „Einfältig, dennoch der Arglist mächtig."

Wir folgen nun diesem letzten Weg der Verurteilten von Moosham hinunter nach Voidersdorf bis Unternberg, biegen nach rechts zur Mur ab und über die Brücke und radeln auf dem Murradweg ostwärts nach Judendorf. Nun nach links über die Murbrücke nach Mörtelsdorf, nach rechts 500 Meter weiter unter der Schnellstraße hindurch nach Litzelsdorf und auf der alten Straße nach links 100 Höhenmeter ansteigend auf den Passeggen, wo man als Abschluss eines gruseligen Themas noch den Richtstättenweg (Wanderung 55) begehen sollte.

Hinrichtung

Mord, Diebstahl und Notzucht waren die „weltlichen" Kapital-verbrechen. Hinzu kamen die „kirchlichen" Verbrechen Ket-zerei, Schadenszauber, Hexerei und Teufelsbündnis. In den Hexenprozessen wurde die Art der Exekution am Grad des Ver-brechens bemessen.

Als mildeste, weil sofort wirkende Todesstrafe galt das Ent-haupten mit dem Schwert oder dem Fallbeil. Einen Grad här-ter war das Erdrosseln an einem Pfahl mit einer Seilschlinge um Hals und Pfahl, die der Henker mit einem Knebel enger drehte. (Erdrosseln durch den Strang kam selten vor.)

Die nächste Stufe bildete der Feuertod auf dem Scheiterhau-fen. Diese Quälerei konnte „gnadenhalber" mit einem Pulver-sack abgekürzt werden, der am Hals des Delinquenten hing und bei entsprechender Hitze durch Explosion die Pein be-endete. „Reuige" wurden häufig vom Scheiterhaufen zum Er-drosseln „begnadigt".

Die brutalste Todesstrafe war das Rädern (das in Salzburg gegen Hexen und Zauberer nicht angewandt wurde). Dem

Delinquenten wurden mit einem schweren Rad die Knochen der Beine und Arme gebrochen. Dann wurde er entweder auf das Rad geflochten, das dann oft wochenlang zur Abschreckung auf dem Richtplatz aufgesteckt blieb, oder verbrannt.

Die Exekutierten wurden auf dem Richtplatz verbrannt, um jeden Rest teuflischer Hexenkräfte zu vernichten.

Der Erzbischof begnadigte häufig zu einem „leichteren" Tod – also zum Pulversack auf dem Scheiterhaufen oder zum Enthaupten statt des Erdrosselns. Diese Gnade hing von der Bußfertigkeit des Delinquenten ab. Widerrief er nämlich die durch fürchterliche Haftbedingungen und Folter erzwungenen Geständnisse, so drohte ihm abermals die Folterkammer oder eine verschärfte Hinrichtung.

Besonders grausam wurde 1679 Clement Perger in Salzburg umgebracht. Das Gericht verurteilte ihn zu Scheiterhaufen mit Pulversack, drei Zangenzwicken, Schleifen zum Richtplatz und „Riemenausschneiden aus dem Rücken". Der Erzbischof erließ ihm jedoch das Schleifen und das Riemenausschneiden.

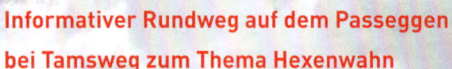

Richtstättenweg Passeggen

55

Informativer Rundweg auf dem Passeggen bei Tamsweg zum Thema Hexenwahn

Start   entweder bei der Kapelle auf dem Passeggen oder bei der Haltestelle der Murtalbahn in St. Andrä

Anstieg   100 Höhenmeter

Gehzeit   1,5 Stunden

Auf dem Passeggen bei Tamsweg befand sich einst die Lungauer Richtstätte, auf der zwischen 1534 und 1702 66 Todesurteile vollstreckt wurden, davon 44 an verurteilten Hexen und Zauberern. Gerechnet auf die Einwohnerzahl ist das die höchste Quote im Land Salzburg. Daher lag es also nahe, auf dem Passeggen – dem höchsten Punkt der Bundesstraße zwischen Tamsweg und Pichl – einen Rundweg zu diesem Thema anzulegen. Es ist der einzige im Land Salzburg, der auf Tafeln das System der Inquisition sowie die Ursachen, den Verlauf, das Verhalten der Justiz und der Bevölkerung sowie das Ergebnis des Hexenwahns am Beispiel des Lungaus darstellt.

Zusätzlich informieren die zwar für Kinder konzipierten, aber auch für Erwachsene aufschlussreichen Tafeln über die

für unsere heutigen Begriffe armselige und von Aberglauben durchsetzte Lebenswelt der Menschen zur Zeit der Hexenjagden im 17. Jahrhundert.

Man kann diesen Rundweg durch Wald und über Wiesen bei der Kapelle auf dem Passeggen oder bei der Haltestelle der Murtalbahn in St. Andrä beginnen. Besondere Aufmerksamkeit verdient der Brandplatz, auf dem die Leichen der hingerichteten Hexen verbrannt worden sein sollen, damit alles Teuflische endgültig vernichtet werde. Am ehemaligen Standort der Plattform mit dem Galgen gedenkt eine Tafel der Opfer des Hexenwahns.

56

Die Strafe des Schörgen-Toni

Start	Muhr, Zufahrt bis zur Muritzenalm möglich
Ziel	Karwassersee (1 897 m)
Anstieg	300 Höhenmeter
Gehzeit	1 Stunde

In der Muritzenalm (von *murica* = kleine Mur) bauten sich um 1860 sechs ungarische Grafen einen von mehreren Stützpunkten in einem Jagdrevier von nahezu 45 000 Hektar Fläche im Zederhaus- und Maltatal. Diesen Herrschaften fehlte nämlich in der Pusta das Gamswild. In dreiwöchigen Jagden mit bis zu 80 Treibern erlegten die sechs Ungarn dann jedes Jahr zwischen 150 und 300 Gämsen. Der Erste Weltkrieg beendete dieses kostspielige Vergnügen, das allerdings beträchtliche Summen in das Murtal gebracht hatte.

Bei der Muritzenalm beginnt ein nicht markiertes, aber auch nicht zu verfehlendes Steiglein südwestwärts zu einem Juwel des Nationalparks Hohe Tauern, zum Karwassersee (1 897 m). Der knapp einstündige Anstieg verläuft immer ostseitig parallel zum Muritzenbach. Die Mühe wird durch den Anblick eines türkisgrünen Bergsees in einem grandiosen hochalpinen Kessel zwischen Kölnbreinspitze und Kaltwasserspitze reichlich belohnt. Diese Landschaft sieht keineswegs wie die Strafkolonie für einen Menschenschinder aus.

Vor 300 Jahren verrichtete jedoch der weitum gefürchtete „Schörgen-Toni" seinen Dienst als Scherge (Gerichtsdiener) auf Schloss Moosham. Er quälte die Gefangenen und misshandelte sogar seine eigenen Eltern. Im Volk bestand allgemeine Scheu und Abneigung vor Henkern, Schergen und ihren Gehilfen. Niemand wollte mit ihnen zu tun haben, aber man brauchte sie, ächtete sie jedoch wegen ihres „unehrlichen" Berufs. Ebenso „unehrlich" waren die Abdecker, die unter anderem verendete Tiere häuten und entsorgen mussten. In der sozialen Hackordnung standen sie wie Henker und Schergen an vorletzter Stelle vor den Bettlern und mussten abseits der kommunalen Wohngemeinschaft leben.

Unter Aufsicht von Richtern wandten Henker oder Schergen die „peinliche Befragung" an. Sie konnten die Folter durch sadistische Brutalität noch verschärfen. Es entzog sich nämlich der Kontrolle durch die Aufsicht, wie viel Kraft sie zum Beispiel in das „Aushauen" (Prügelstrafe) steckten, wie straff sie die Daumenschraube anzogen oder wie weit sie die an den rücklings gefesselten Armen aufgezogenen Delinquenten ruckartig ein Stückchen fallen ließen, um deren Qualen zu verschärfen und ein Geständnis zu erzwingen.

Trotzdem lachte dem Toni immer das Glück, weshalb die Leute tuschelten, dieser Wüterich habe selbst seine Seele dem Teufel verschrieben, der ihn deshalb auch schütze. Doch in einer stürmischen Nacht um Schlag zwölf hielt eine große

LUNGAU

schwarze Kutsche vor dem Schloss Moosham. Sie glich einem Leichenwagen und wurde von vier Rappen gezogen. Der Kutsche entstieg ein schwarz gekleideter Mann und ging auf das Schloss zu, in dem der Schörgen-Toni soeben seinen Kontrollgang beendet und in seiner Kammer Platz genommen hatte. Plötzlich knallten drei harte Schläge gegen die Kammertüre, sie sprang auf und von fahlgrünem Licht umstrahlt trat der Fremdling ein.

Der Toni begriff sofort: Seine Zeit war abgelaufen und der leibhaftige Satan wollte nun den Pakt zur Höllenfahrt einlösen. So kläglich der Toni auch um sein Leben winselte – der Satan packte ihn am Kragen, stieß ihn durch die Hallen des Schlosses und in den Höllenwagen, mit dem die vier Teufelsrappen nun eine rasende Höllenfahrt aufnahmen. Im Geistertempo ging es zum Rotgüldensee, wo der Schörgen-Toni bis vor Kurzem büßte. Er ängstigte noch lange die Wanderer, denn einmal rollte er als feurige Kugel über den See, dann ritt er auf feurigem Wagen hinter zwei teuflischen Böcken über das Wasser und manchmal schwamm er sogar auf dem Rücken eines getigerten Rosses auf diesem See. Seit allerdings der Rotgüldensee als Kraftwerksspeicher mit schwankendem Wasserspiegel dient, verloren sich die Spuren des Schörgen-Toni. Die Einheimischen mutmaßen zurecht, dass er jetzt im Karwassersee büßt.

Die unergründliche Tiefe dieses Sees beflügelt gewiss Gruselfantasien; wir lassen uns davon den Unternehmungsgeist aber nicht nehmen. Es stünde nämlich dafür, nochmals gut

300 Höhenmeter in einer weiteren Stunde zum Schwarz-see aufzusteigen. Links um den Karwassersee führen noch Wegspuren zur Südspitze, von der aus wir den zwar weglosen, aber von einer S-förmigen breiten Rinne vorgezeichneten Anstieg deutlich erkennen. Er führt im Schwarzkarl rechts an einem Wasserfall vorüber und endet am unglaublich dunklen Schwarzsee.

Der Rückweg zum Karwassersee folgt dem Anstieg und dauert etwa 40 Minuten.

Hexenritt

durch den Schornstein

Rundwanderung von St. Gertrauden bei Mauterndorf über den Faningberg und Steindorf

Anstieg   300 Höhenmeter

Gehzeit   insgesamt 2 Stunden

Die Filialkirche von St. Gertrauden ist unbedingt einen Besuch wert, weil dort außen an der Friedhofsmauer eine unauffällige Rarität von europäischem Rang zu sehen ist: ein kleines ummauertes Geviert als „Friedhof der unschuldigen Kinder", die vor der Taufe starben und daher nicht in geweihter Erde beigesetzt werden durften. Wir machen uns vom Parkplatz nördlich dieser Kirche auf den markierten Weg (Nr. 8) links des Baches nordwärts 300 Höhenmeter hinauf zum weithin sichtbaren Veitlhof. Hier genießen wir den prächtigen Rundblick, folgen dann der Straße ostwärts durch die Faningberger Wiesen zum Annencafé und nun auf der schmalen Straße direkt hinunter nach Steindorf.

Hier spielte sich 1682 das Drama der „Staudingerhexe" ab. Ein Scherge hatte einen kleinen Buben beobachtet, wie er am Straßenrand aus einem Stäbchen Späne schnitt und daraus Mäuse zauberte, die Hexen als Mittel für Schadenszauber dienten. Geschnappt und zur Rede gestellt, gestand der Bub, dass er das „Mäusemachen" dank einer Zaubersalbe beherrsche, die ihm der Zauberer Jackl und die Hexe im Steindorfer Staudingerhof mischen. Diese lebenslustige 24-jährige Staudingerin, die offensichtlich stets zu Scherzchen aufgelegt war, bestritt diese „Beschreiung" (Denunzierung), erzählte aber die ironisch gemeinte absurde Geschichte, dass sie mit dem Besen durch den Kamin zum Hexentanz auf das Speiereck ausfahre. Sie könne auch auf dem mit Hexensalbe bestrichenen Besen durch den Kamin nach Salzburg und wieder zurück fliegen; das schaffe sie in der Zeit, in der ihre Mutter ein Eierkoch zubereite. Die junge Frau endete als Hexe und Zauberin auf dem Scheiterhaufen. Ihr trauriges Schicksal ist zwar in den Gerichtsakten nachzulesen, lebt im Lungau aber als Sage von der „Staudingerhexe" weiter.

Von Steindorf kehren wir durch Bauernland gut 1 Kilometer nach St. Gertrauden zurück.

Höllenqualen und Feuertod

Start	Kirche in St. Michael im Lungau
Ziel	Schloss Moosham
Anstieg	500 Höhenmeter
Gehzeit	2,5 Stunden

Ehe wir diese Wanderung antreten, nehmen wir in der Kirche von St. Michael neben dem Südportal ein kulturgeschichtlich rares Fresko aus der Zeit um 1620 in Augenschein. Es zeigt die Höllenstrafen für die sieben Hauptsünden Hochmut, Geiz, Neid, Ausschweifung, Völlerei, Faulheit und Zorn. Das deckt sich nicht mit den sieben Todsünden, die von der Absicht zu einem schwerwiegenden Verstoß gegen Gottes Gebote abhängen. Auf diesem Fresko machen sich schreckliche Teufel im Flammenmeer der Hölle mit ausgesuchten Foltermethoden über die Verdammten her, die diese Qualen auf ewig erdulden müssen.

Wie nachhaltig die Darstellung auf manch damaligem Gemüt lastete, entgleitet unserer aufgeklärten Vorstellungkraft – wie auch ein grässliches Verbrechen, dessen Tatort wir jetzt aufsuchen.

Von St. Michael nehmen wir die Straße nordostwärts an der Schule vorbei zum Martinihof auf dem Martiniberg, folgen der

Markierung Nr. 6 hinauf auf den bewaldeten Hollerberg, halten uns weiter auf dessen bewaldetem Rücken nordwestwärts bis zu einer Forststraße in einer flachen Senke zwischen Hollerberg und Speiereck und folgen nun der Markierung Nr. 6 nordostwärts durch den Graben hinunter in den Ortsteil Begöriach.

Dieser Steig war einst eine beliebte, wenngleich für Alleingänger unheimliche Abkürzung des Weges zwischen Mauterndorf und St. Michael. Das nützten zwei Gauner. Sie machten sich in einem Mauterndorfer Wirtshaus an einen Burschen heran, der aus der Fremde nach St. Michael heimkehrte, und überredeten ihn zum gemeinsamen Marsch über den unheimlichen Hollerberg. Dort fielen die beiden über den Burschen her, fesselten ihn an einen Baum und entzündeten unter seinem Gesäß ein Feuer, um Körperfett zu gewinnen. Dieses galt nämlich als ebenso teures wie wirkkräftiges Zauber- und Heilmittel. Kurzum: Ein horrender Aberglaube motivierte zu einem Mord. Die halb verkohlte Leiche des Mordopfers wurde erst nach Tagen entdeckt, die Mörder aber verplapperten sich auf der Flucht nach Kärnten, wurden verhaftet und enthauptet.

Kurz vor Begöriach biegen wir nach rechts in den Weg Nr. 17 südwärts nach Neusess ein, überqueren die Katschbergstraße und wandern auf dem Radweg an der Ostseite der Straße südwärts zum Schloss Moosham. Hier residierte einst der Pfleger, ehe das Pfleggericht 1790 auf Tamsweg und St. Michael verteilt wurde. Und in den Keuchen von Moosham warteten Delinquenten auf ihren Prozess oder ihre Hinrichtung.

LUNGAU

In den ersten Lungauer Hexenprozessen spielte lediglich der
Schadenszauber eine Rolle, nicht aber ein Teufelsbündnis
oder der Hexensabbat. Charakteristisch dafür ist eine Zau-
bergeschichte, die 1531 im Weiler Voidersdorf spielte, knapp
1 Kilometer östlich von Schloss Moosham. Dort bettelten
zwei durchziehende Landsknechte bei der Wolfgangin, wurden aber ab- und zur reichen Nachbarin Linhartin gewiesen.
Diese wollte aber statt des erbetenen Geldes oder Fleisches
nur Brot herausrücken, obwohl die beiden Bettler sich auf den
Hinweis der Wolfgangin beriefen. Erbost schimpfte die Linhartin nun ihre Nachbarin eine „diebische zauberische Huer",
die ihre Hühner verhext habe, weshalb sie keine Eier mehr
legten. Das ging weitum von Mund zu Mund; was aber mit
der „zauberischen Huer" geschah, wissen wir nicht.

Voll dokumentiert ist hingegen der Fall des Ramingsteiner
Tischlers Hans Gängl und seiner Frau Margarete im Jahr 1588.

Beide standen im Ruf der Zauberei, galten als bösartig und betrieben auch Gegenzauber. So zauberten sie dem Lehrer Jordan eine Krankheit an, weil er angeblich ihrer ohnehin klapprigen Kuh durch Zauber die Milch entzogen hatte. Brenzlig wurde es aber, als der erkrankte Reitknecht der auch in Ramingstein begüterten Herren von Moosham behauptete, die Gänglin habe ihn krankgezaubert, indem sie ihm Zauberwasser in den Weg geschüttet hatte. Daraufhin belegte der wütende Gängl den Reitknecht mit einem Bann: „Geb Gott, dass du die Ostern nicht überlebst." Tatsächlich starb der Knecht am Palmsonntag. Das Ende zeichnete sich ab, als die Gänglin mit der Frau des Pflegers von Moosham in Streit geriet und der Gängl als Rache dafür den Pfleger mit Schadenszauber „krumm" (hinkend) machte. Zu allem Überfluss prahlte die Gänglin noch damit,

dass sich der Teufel in Hund, Mann oder Ross verzaubere, um sie vor Ungemach oder Rache zu schützen und sie sicher nach Ramingstein zu geleiten. Es nützte nichts, beide Gängl endeten wegen Schadenszauberei auf dem Scheiterhaufen.

Ein besonders makabrer Fall von „Teilzeit-Zauberei" kostete den Landstreicher und Viehdieb Simon Wind 1720 auf dem Passeggen das Leben durch Enthaupten. Der Mann machte das Gericht glauben, dass er sich mit einer vom Teufel geschenkten Salbe in einen Wolf verwandeln und durch Waschen wieder in seine menschliche Gestalt zurückschlüpfen könne. Als Wolf habe er Vieh gestohlen.

Ein lediglich elf Jahre alter „Zauberbub" wäre beinahe mit dem Leben davongekommen, wiewohl er Homosexualität mit dem Teufel noch im Gefängnis zugegeben hatte. Obschon „nahe der Pubertät" und auch der „Hinterhältigkeit fähig", hatte ihm das Gericht die Chance der Freiheit nach sechs Monaten Bewährung zugesprochen. Doch der Bub ließ sich wieder auf „Sodomie mit dem Teufel" ein und wurde deshalb enthauptet.

 LUNGAU

Prangstangen und eine starke Glocke

Radwanderung nach Muhr und zurück

Start	Unterweißburg bei St. Michael im Lungau (nahe der Autobahnabfahrt St. Michael)
Strecke	20 Kilometer
Fahrzeit	1,5 Stunden

Diese Fahrt auf dem Murradweg ab Unterweißburg stellt uns vor keinerlei Probleme. Sie lohnt aber ganz besonders am 29. Juni oder am 15. August, wenn in Muhr die Prangstangen in einer Prozession zur Kirche getragen beziehungsweise abgebaut werden. Wir werden dann Zeugen von Brauchtum, das positive überirdische Kräfte in den Dienst der Menschen bittet, damit sie zerstörerische Kräfte vom Dorf fernhalten.

In der Woche vor Peter und Paul (29. Juni) flechten die „Weiberleut" einer Großfamilie aus 40 000 bis 50 000 Blüten kunstvolle Girlanden, die dann ein extra gewählter Mann in möglichst eigenwilligem Muster um eine dicke Stange wickelt und fixiert. Unverheiratete Männer ohne Pflicht zu Alimenten tragen dann diese bis zu 85 Kilogramm schweren „Prangstangen" (von „Gepränge") in feierlicher Prozession zur Kirche. Dieses Welt-Unikat, das Muhr nur mit Zederhaus (24. Juni) teilt, schreibt die Sage einem Gelöbnis zu, als einst Heuschreckenschwärme über diese beiden armen Täler herfielen und alles kahlfraßen. Tatsächlich wiederholte sich diese Katastrophe nicht wieder.

Am 15. August, dem Hohen Frauentag (Maria Himmelfahrt), werden die vertrockneten Blütengirlanden von den Stangen genommen und als geweihtes „Prangstangenkräutlach" auf alle Häuser zum rituellen Räuchern in den Raunächten um Weihnachten verteilt. Dieses uralte Abwehrritual soll Haus, Stall und Scheune vor Krankheit und Blitz schützen – ähnlich den am Palmsonntag geweihten Palmbuschen auf den Feldern, im Herrgottswinkel und über der Stalltüre.

Schutzrituale überleben gelegentlich auch als Sagen. Da zog wieder einmal über dem Murwinkel ein gewaltiges Gewitter auf, das die ohnedies magere Ernte in diesem engen Tal zu vernichten drohte. Geistesgegenwärtig läutete der Mesner die Angelus-Glocke. Sie ruft jeden Morgen, Mittag und Abend zum Gebet und erinnert daran, dass einst ein Engel (*angelus*) Maria die Botschaft gebracht hat, sie sei zur Mutter Gottes auserwählt. Die Kraft der Madonna vertrieb tatsächlich die drohenden Gewitterwolken, hinter denen der Teufel einen Hagelschlag vorbereitet hatte.

Doch der Teufel kapitulierte keineswegs und sann auf Rache. Da fielen ihm die Hexen ein, die mit ihm einen Bund geschlossen hatten und die Fähigkeit besaßen, auf einem Besen durch die Luft zu reiten. Einer dieser Hexen befahl er nun, zur Mitternacht mit einem Hammer in die Muhrer Glockenstube zu fahren und die Angelus-Glocke zu zertrümmern. Doch so wild die Hexe auch auf die geweihte Glocke einhieb, die Zerstörung wollte nicht gelingen. Nur die Menschen schraken ob des Lärms in der Glockenstube aus dem Schlaf. Plötzlich, Schlag ein Uhr, hörte der Lärm auf.

Am anderen Morgen wunderte sich der Mesner über den veränderten Klang der Glocke, sah nach und entdeckte an ihr Spuren von Hammerschlägen. Daran erkannte man nun den gescheiterten Versuch der höllischen Mächte, die Kraft Mariens zu überwinden. Seither versucht der Teufel nicht mehr, das Läuten zur Abwehr von Gewittern zu unterbinden.

Allerdings kam auch der klassische „Wettersegen" außer Gebrauch. Diesen erteilte der Priester von Fronleichnam bis Mariä Geburt (8. September) am Ende der Frühmesse in die vier Windrichtungen und betete dazu „vor Blitz und Ungewitter", „vor Pest, Hunger und Krieg", „vor dem plötzlichen und unvorbereiteten Tod", „vor allem Übel" und das Volk antwortete jeweils „befreie uns, o Herr".

Nach der Einkehr im „Frumentarium", einem Getreidemuseum in einem Troadkasten, radeln wir wieder die Mur abwärts hinaus nach Unterweißburg.

LUNGAU

Begriffe zum Thema

Abdecker zogen die „Decke" (Haut) von Kadavern ab und verwerteten und entsorgten diese. Sie begruben auch Leichen von Exekutierten. Diesen Beruf unterboten auf der sozialen Leiter nur noch Bettler.

Aberglaube besteht aus Vorstellungen, die im Gegensatz zu den religiösen Ansichten oder den wissenschaftlichen Erkenntnissen einer Epoche stehen.

Abwehrzauber hält unerklärliche bedrohliche Kräfte durch Riten, Symbole oder Mittel in Schach.

Astrologie sieht im Lauf der Gestirne die Ursache aller Veränderungen auf Erden. Achtet man auf die Stellung der Gestirne zueinander und die Wirkungen im Alltag, so weiß man, was bei gleicher Konstellation geschieht. Das macht den einmaligen Zufall zur Regel.

Gespenster oder **Geister** sind immaterielle Wesen entweder dämonischer (männlich) oder hilfreicher (weiblich) Natur, die Menschen bestrafen oder belohnen.

Glaube kann auf der Skala von Ablehnung bis Zustimmung als „nichts wissen", „vermuten", „für möglich halten", „für wahr halten", „nicht im Widerspruch zur Logik" definiert werden. Da Glaube Bereiche überirdischer Existenz einschließt, vermittelt er nicht „Gewissheit" im Sinn der Naturwissenschaften.

Hexerei vermischt Zauberei mit Satanskult und verschärft den juristischen Tatbestand des Schadenszaubers durch den theologischen Tatbestand der Ketzerei.

Keuche bedeutet Gefängnis, Verlies oder Haftzelle.

Malefizium ist eine indirekt durch unerklärlichen Zauber bewirkte Schädigung eines Lebewesens auf eine Weise, die den Täter nicht verrät.

Pfleger war so viel wie der Bezirkshauptmann plus Bezirksrichter und zeitweise Bezirks-Militärkommandant.

Zauberei bringt Wirkungen hervor mit Mitteln, die vernünftigem Erkennen nicht zugänglich sind, und stillt so das Kausalitätsbedürfnis. Weil Zauberei auf außerirdische Kräfte setzt, wird sie zur Ursache von Ungemach, die keines Beweises fähig ist, aber auch keines Beweises bedarf.

METAPHYSIK DER DUMMKÖPFE

„Hänsel und Gretel verliefen sich im Wald, es war so finster und auch so grimmig kalt." Ein Kinderlied besingt diese klassische Gruselszene, in der sogleich die „alte Hex" auftaucht. Kinderbücher kommerzialisieren immer noch das klassische Hexenimage – vom Ritt auf dem Besen durch den Kamin bis zum Zaubern. Und das zweieinhalb Jahrhunderte nach der Aufklärung …

Ergebnis einer Umfrage unter Absolventen des Kindergartens, was sie unter Hexe verstünden: „Kopftuch", „schiach", „alt", „lange verbogene Nase", „Warzen auf der Nase", „böse". Die Tradition des sozialen Stigmatisierens alter, armer und vereinsamter Frauen überdauerte augenscheinlich die Aufklärung ungebrochen.

Was wiegt da die Tatsache, dass der Hexenwahn in Salzburg vom ausgehenden Mittelalter bis 1750 an die 300 schuldlose Opfer forderte und in ganz Österreich mindestens deren 3500? Von dieser Orgie der Justizmorde überlebten bis in unsere Tage noch negative Begriffe wie Malefizbub (= Schadenszauberer), Hexenschuss oder „Mach keine Mäuse" (ein Zauberutensil).

An der Jahrtausendwende ergab eine Umfrage in den deutschsprachigen Ländern, dass 13 Prozent der Bevölkerung Hexerei und 21 Prozent Krankheitszauber für möglich halten; und das umso stärker, je geringer der Bildungsgrad. Diese intellektuelle Umleitung an der Aufklärung vorbei qualifizierte der deutsche Philosoph und Soziologe Theodor Adorno treffend als „Metaphysik der Dummköpfe".

Trotzdem wertet unsere tradierte Kulturprätenz viele andersstämmige als primitiv. Dabei riete unsere Vergangenheit zu größter Vorsicht.

1678 verhörte der Salzburger Hofrat den fünfjährigen „Zauberbuben" Maxl Hähnl wie einen Erwachsenen. Das Kind war zu keiner vernünftigen Antwort fähig, gestand die Teilnahme an einem Hexensabbat und das Beilager mit einer Hexe, weinte ständig und schaute dauernd unschlüssig hin und her. Daraus schloss das Gericht, dass der Teufel anwesend sei, weshalb der Maxl nicht gestehen wolle. Auf entsprechende Frage deutete der Maxl mit dem Finger auf den unsichtbaren Teufel. Daraufhin sprengten Gerichtsdiener den Raum gründlich mit Weihwasser aus. Jetzt sah der Maxl keinen Teufel mehr und konnte plötzlich ein Kreuzzeichen machen und beten. Das Kind wurde später einer Familie zur Erziehung anvertraut.

Im gleichen Jahr zerrten die Schergen den dreijährigen Georg Debellack als „Zauberbuben" vor Gericht, das ihn mangels erkennbarer Bosheit freiließ.

Die drei Wellen des Hexenwahns in Salzburg verursachten enorme Kosten, wie häufige Kreditnahmen zur Bezahlung des Aufwandes belegen. Für den Ablauf der Gerichtsverfahren, die Hinrichtung, die geleisteten „Überstunden" des Beamtenapparats, die Transporte, den Ausbau der Keuchen und die Haft kamen die Kosten mindestens auf einen Gesamtpreis, der dem Wert von 3000 Kühen entspricht. Das wären mindestens 50 Prozent mehr als der Preis für den Bau des Neutors oder 80 Jahresgehälter eines Pflegers.

Die Ausrottung der Hexen nimmt unter den größten der nicht kriegsbedingten Mordorgien der Menschheit Platz drei ein. Sie wird nur von Hitlers Holocaust an den Juden und Roma sowie von Stalins Ausrottung der Bauern und Parteifeinde übertroffen. Und das gelang, indem der krasse Mangel an konkreten Beweisen und Beweisstücken durch theologische oder philosophische Argumente ersetzt wurde.

Zur Literatur

Die Literatur über Geisterglauben, Zauberei, Hexenwahn und Teufelspakte ist nahezu uferlos. Die Vorgänge in Salzburg haben Herbert Klein (*Mitteilungen der Gesellschaft für Salzburger Landeskunde*, 1957) und vor allem Heinz Nagl in seinem Standardwerk über den Zauberer Jackl (*Mitteilungen der Gesellschaft für Salzburger Landeskunde*, 1974 und 1975) gründlich aufgearbeitet und hervorragend dokumentiert. Dieser Führer zitiert weitgehend aus diesen Dokumentationen (womit sich ein umfangreicher Zitierapparat erübrigte). Wesentliche Aspekte über Salzburg enthält auch *Hexenglaube und Hexenverfolgung in den österreichischen Alpenländern* von Fritz Byloff, 1934. Die Grundfragen dieses Themas fasst Gerhard Schormanns *Hexenprozesse in Deutschland*, 1981, knapp und klar zusammen.

Clemens M. Hutter
Stadtwandern in Salzburg

Clemens M. Hutter
Augen auf!
Wegweiser für Neugierige

Das neue **Stadtwandern**
bietet 28 entschleunigte
Spaziergänge durch zwei
Jahrtausende, um zu
schauen und zu staunen.

Spazieren mit den Augen
ist Spurenlesen in der
Vergangenheit und bietet
neuen spannenden
Denkstoff.

200 S., französische Broschur
durchgehend farbig bebildert
11,5 x 18 cm
978-3-7025-0857-9, € 22,–
eBook: 978-3-7025-8042-1

256 S., französische Broschur
durchgehend farbig bebildert
11,5 x 18 cm
978-3-7025-0774-9, € 22,–

Clemens M. Hutter
Verewigt in Salzburg
Steinerne Zeugen an
Häusern und Plätzen

Wappen, Denkmäler,
Gedenktafeln und Mahn-
male: An Häusern und
Plätzen befinden sich
Teilaspekte unserer Ge-
schichte – eine lohnende
Erkundungsreise!

228 S., französische Broschur
durchgehend farbig bebildert
11,5 x 18 cm
978-3-7025-0618-6, € 22,–

Clemens M. Hutter
Wanderatlas
Salzburg – Berchtesgaden

425 Routen, 136 Karten.
Wer durchs flache Land,
auf anspruchsvolleren
Wegen oder quer durch
die Voralpen wandern
möchte, findet hier eine
breite Palette.

336 S., französische Broschur
zahlreiche Abbildungen, Karten
11,5 x 18 cm
978-3-7025-0619-3, € 22,–